_____

_____

_____

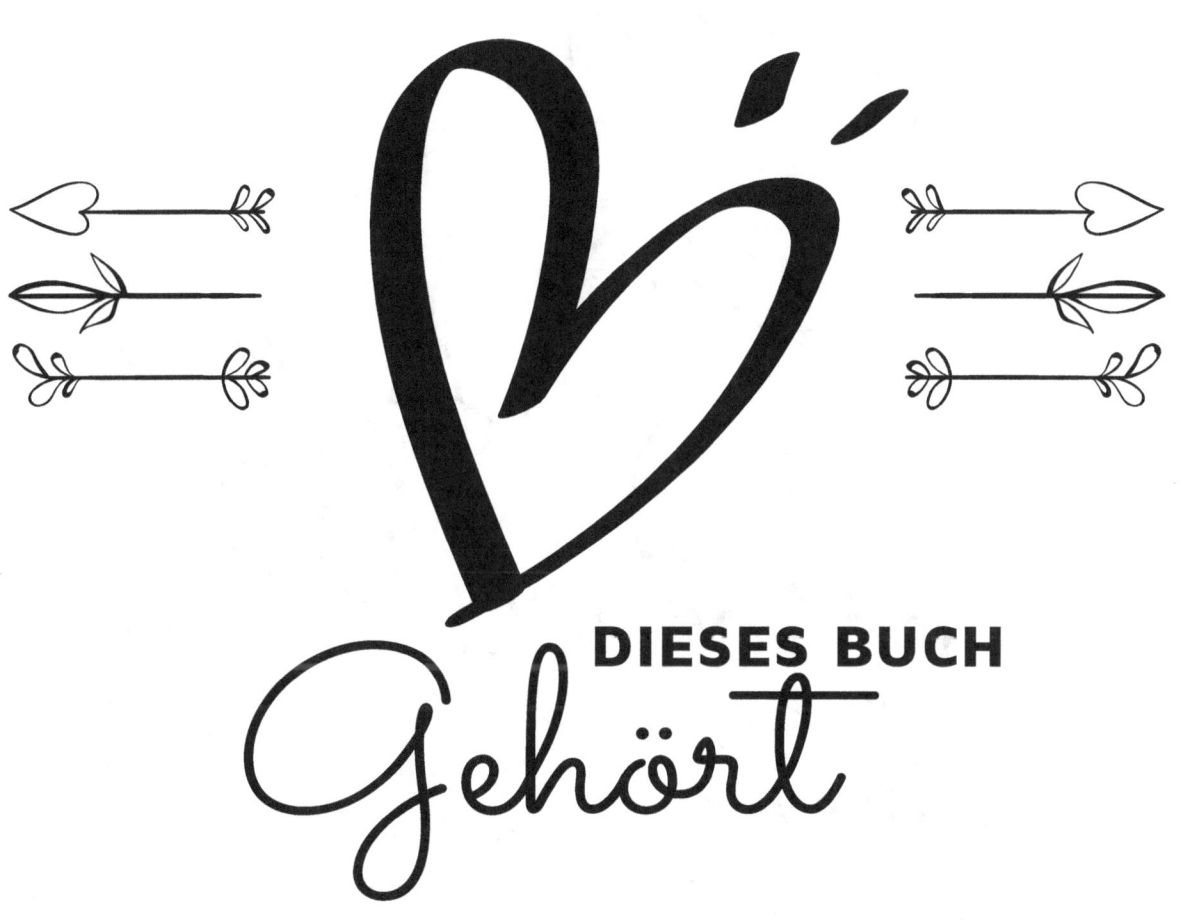

DIESES BUCH

Gehört

_____   _____

_____

_____

DRECKIGES FAHRRAD MALBUCH

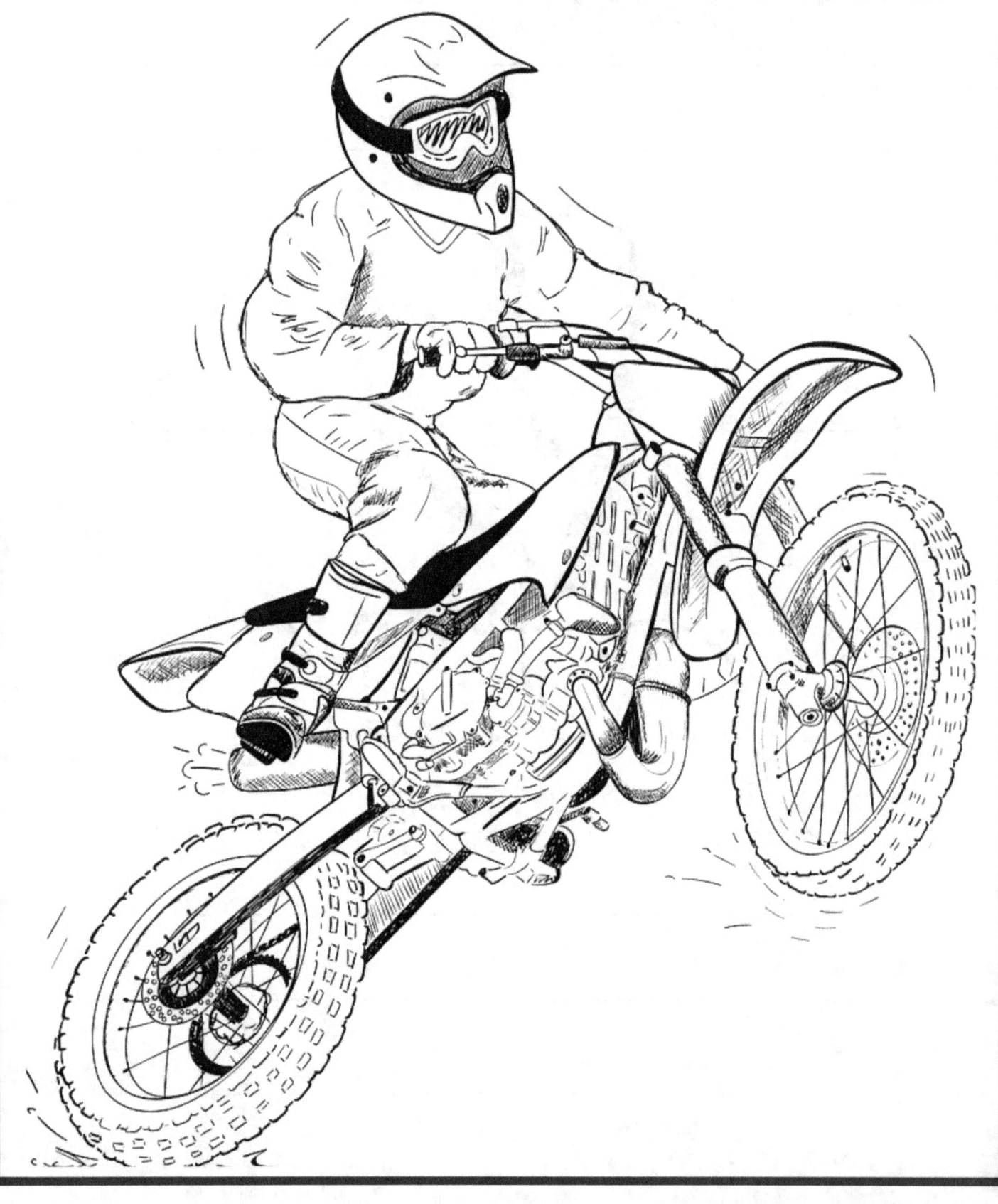

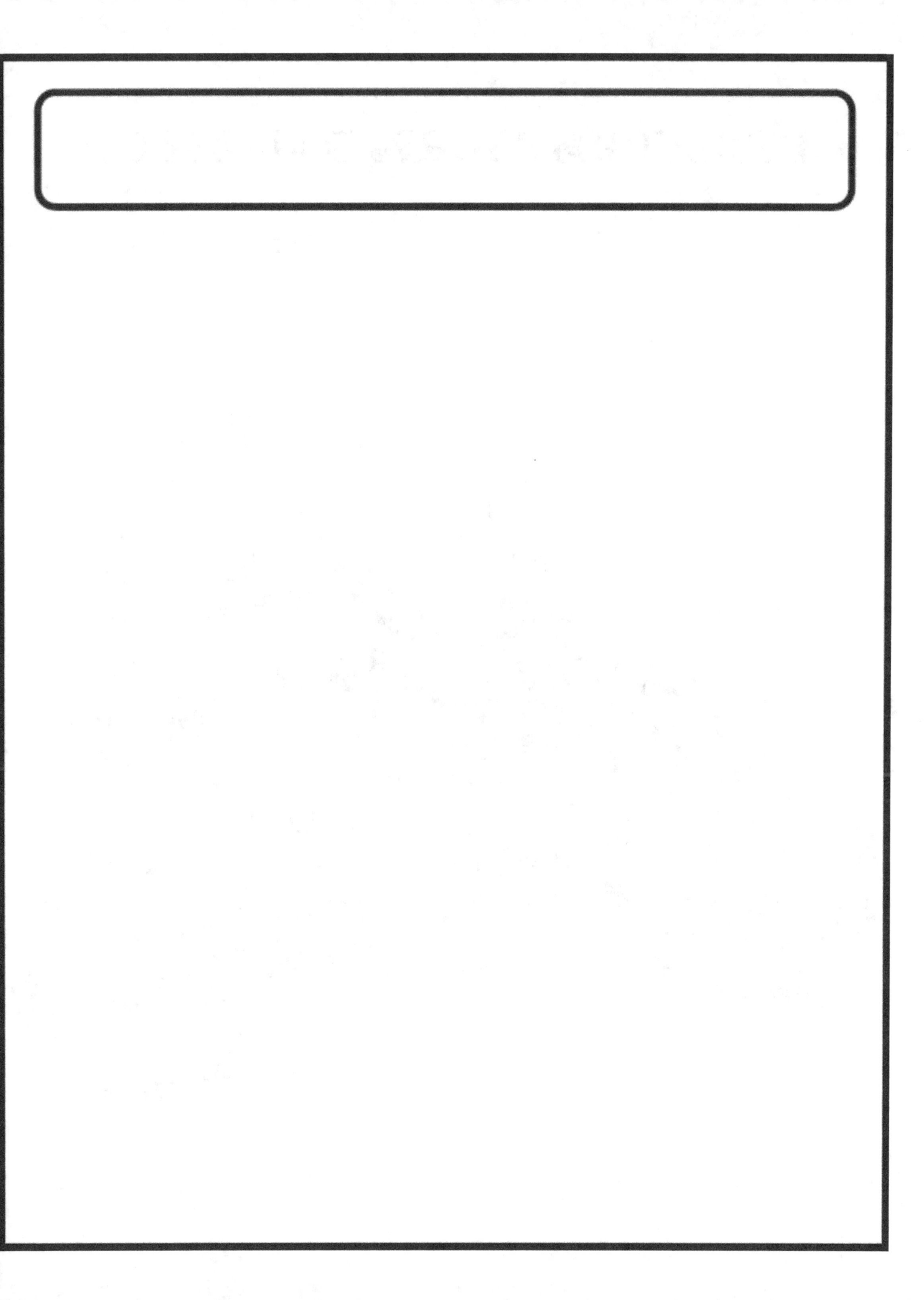

DRECKIGES FAHRRAD MALBUCH

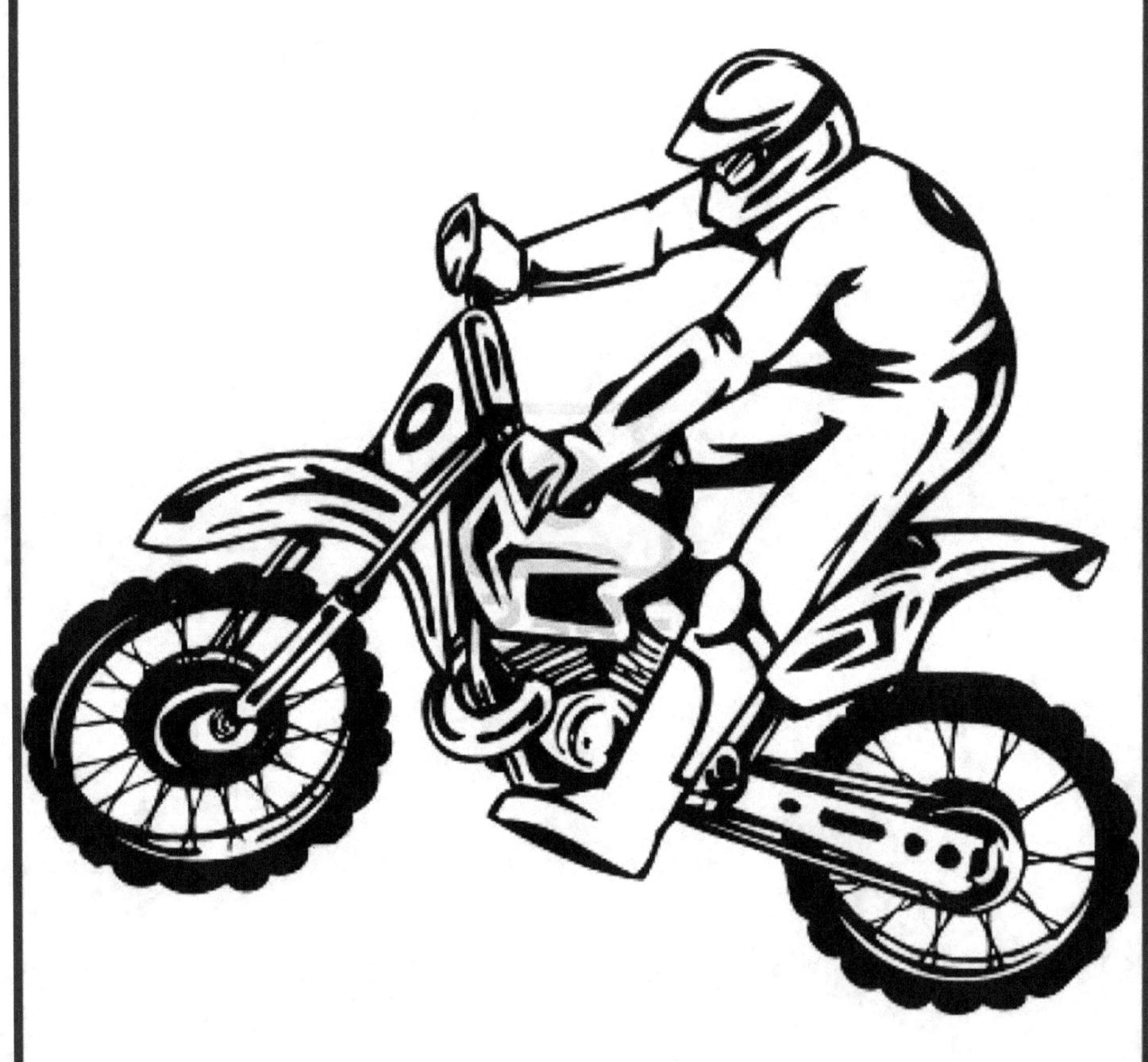

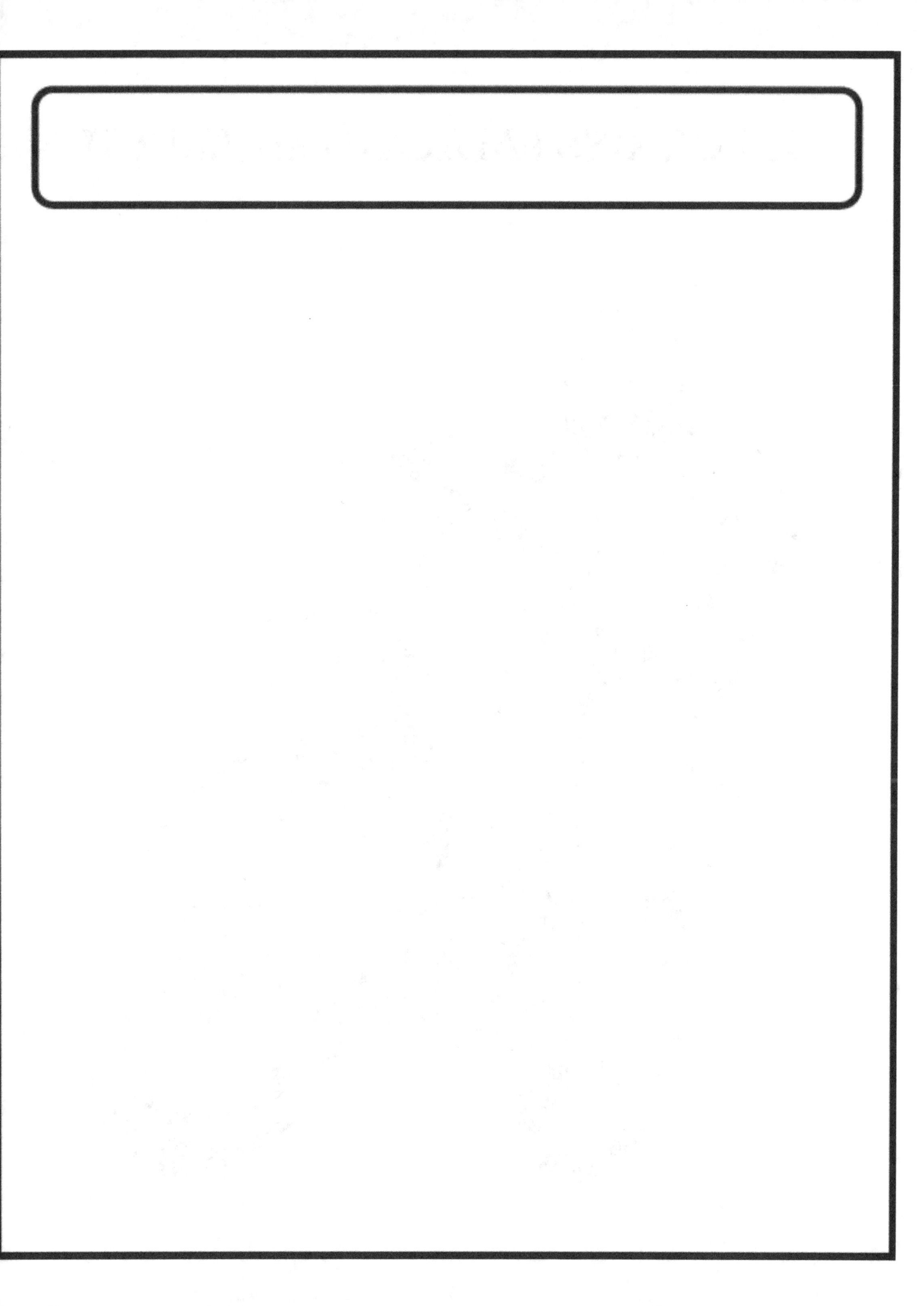

DRECKIGES FAHRRAD MALBUCH

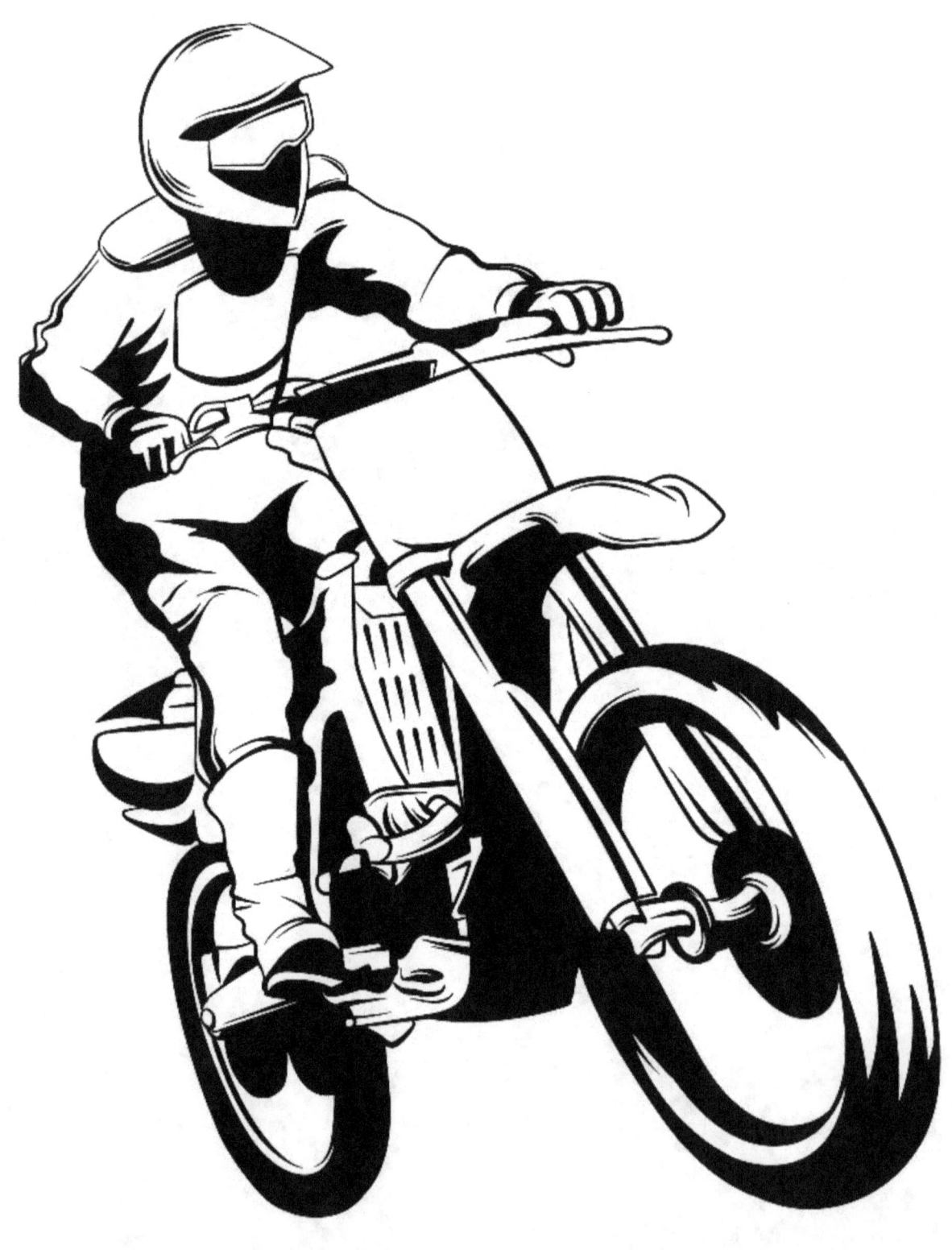

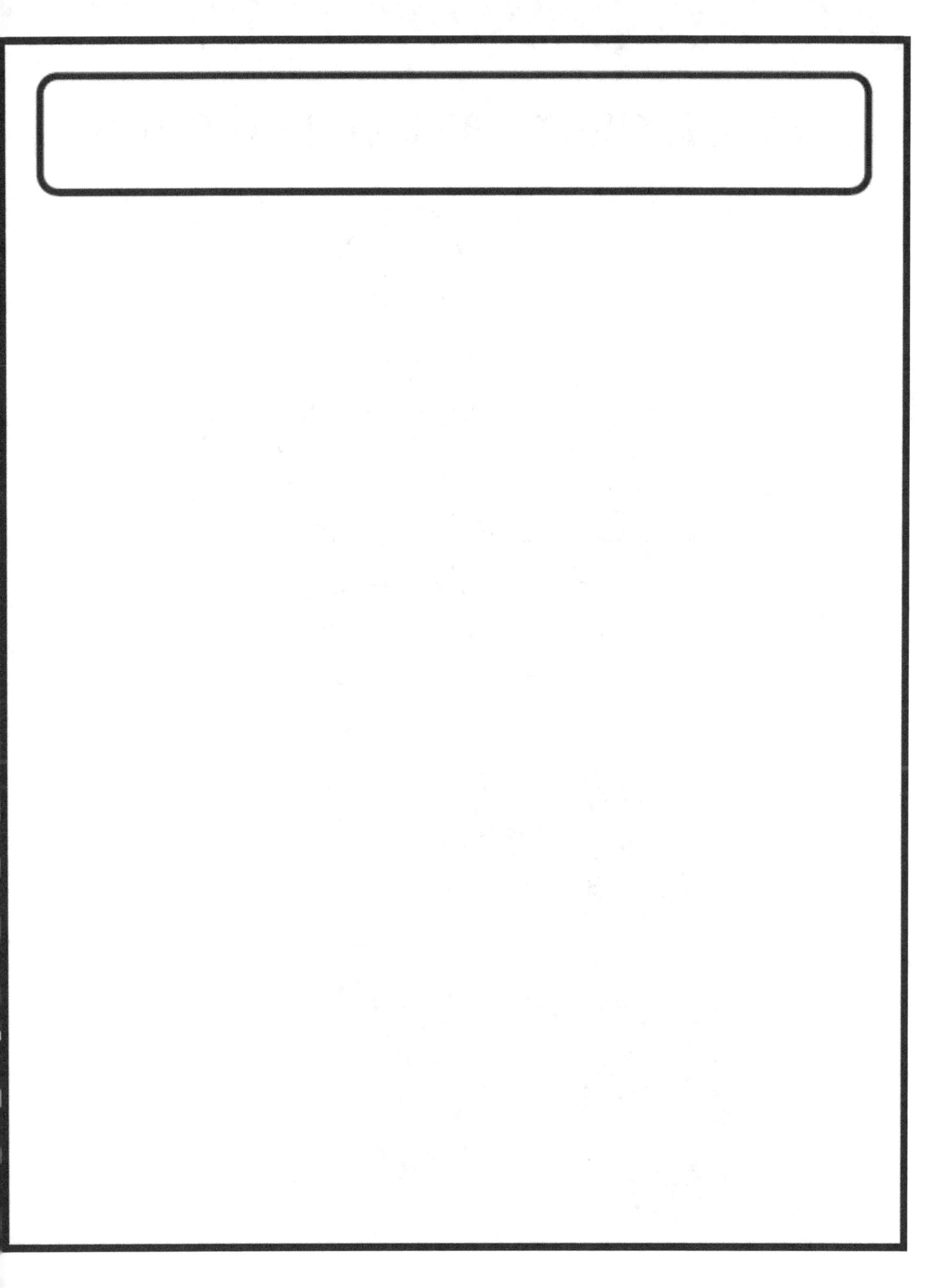

DRECKIGES FAHRRAD MALBUCH

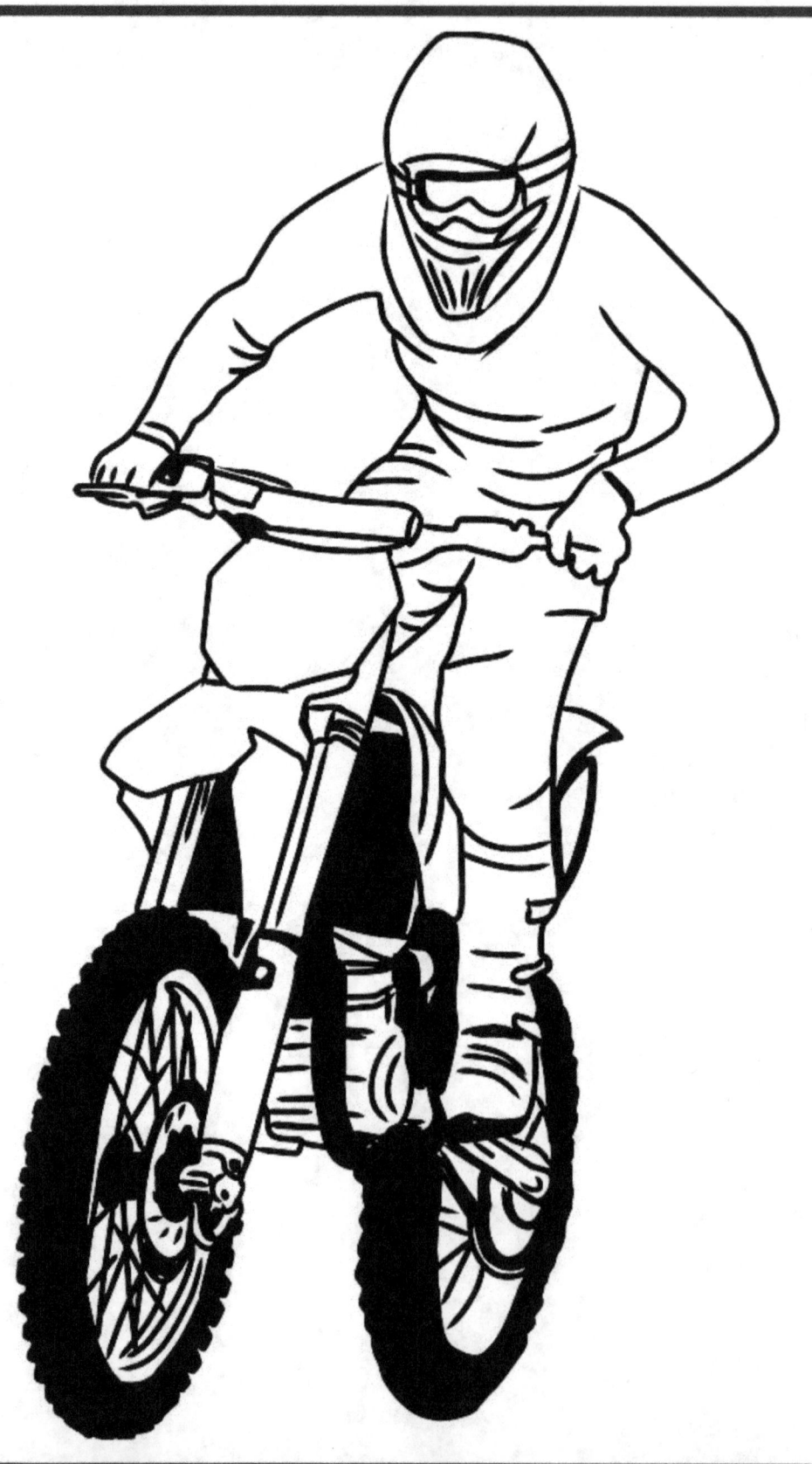

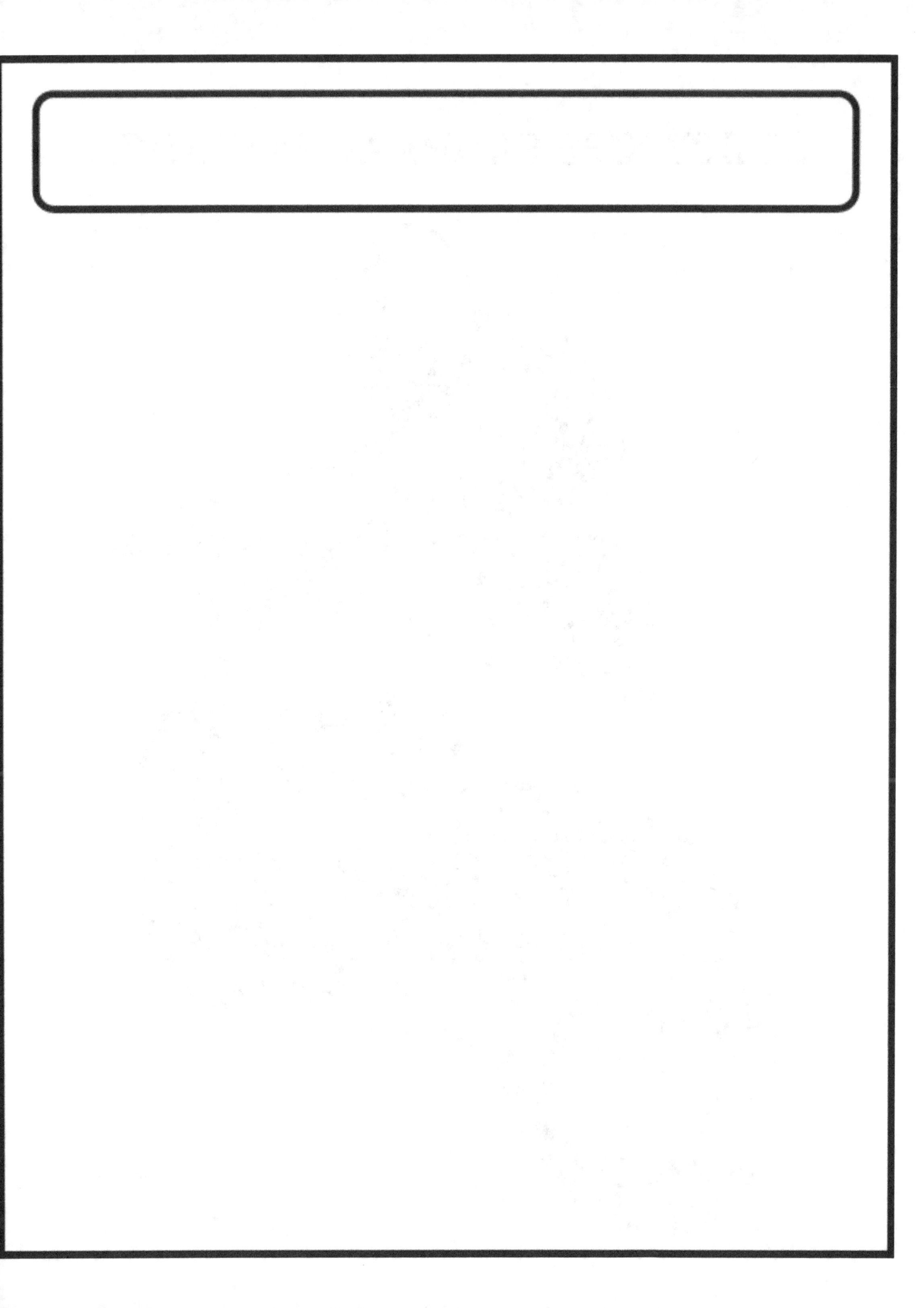

DRECKIGES FAHRRAD MALBUCH

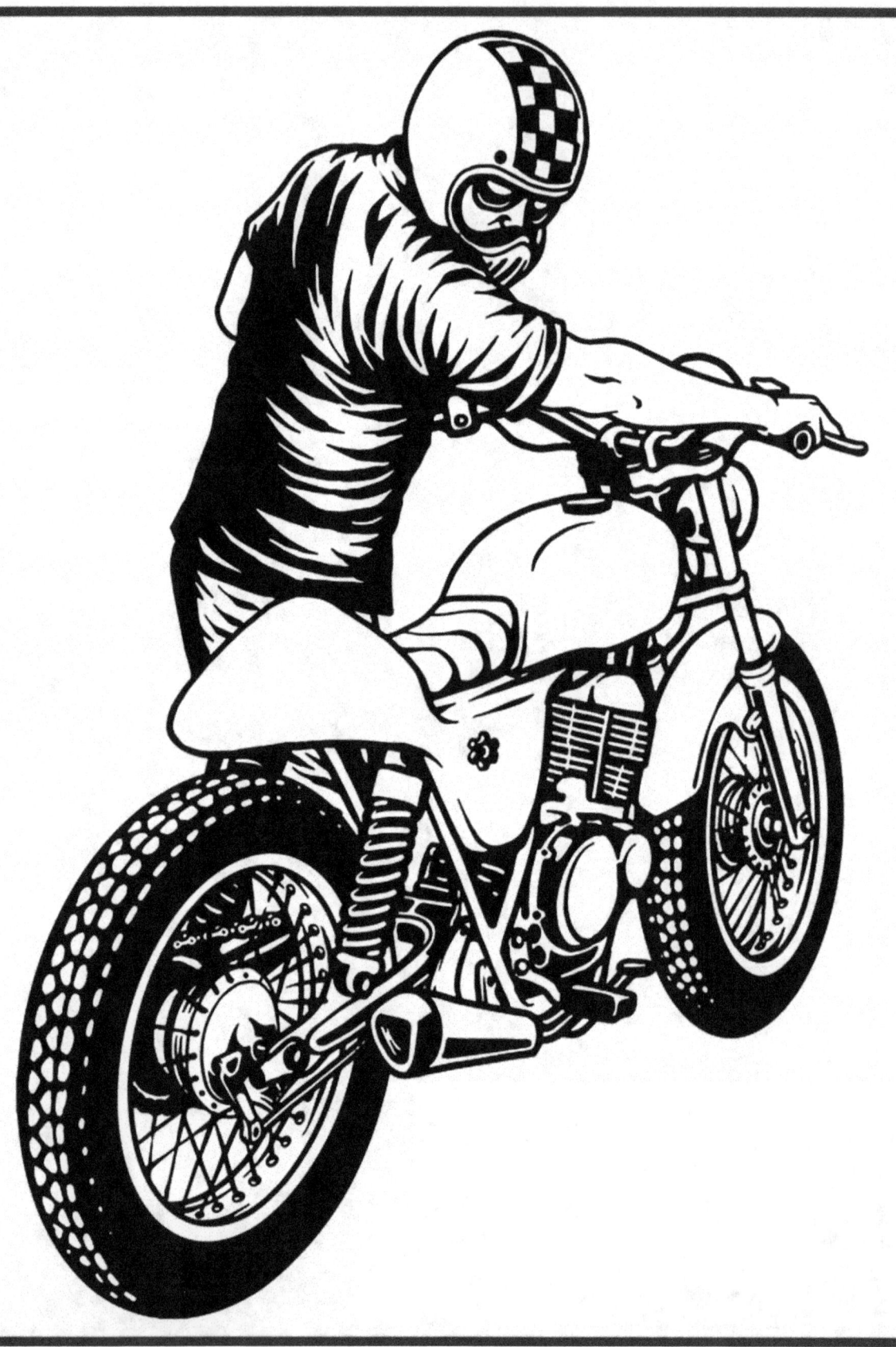

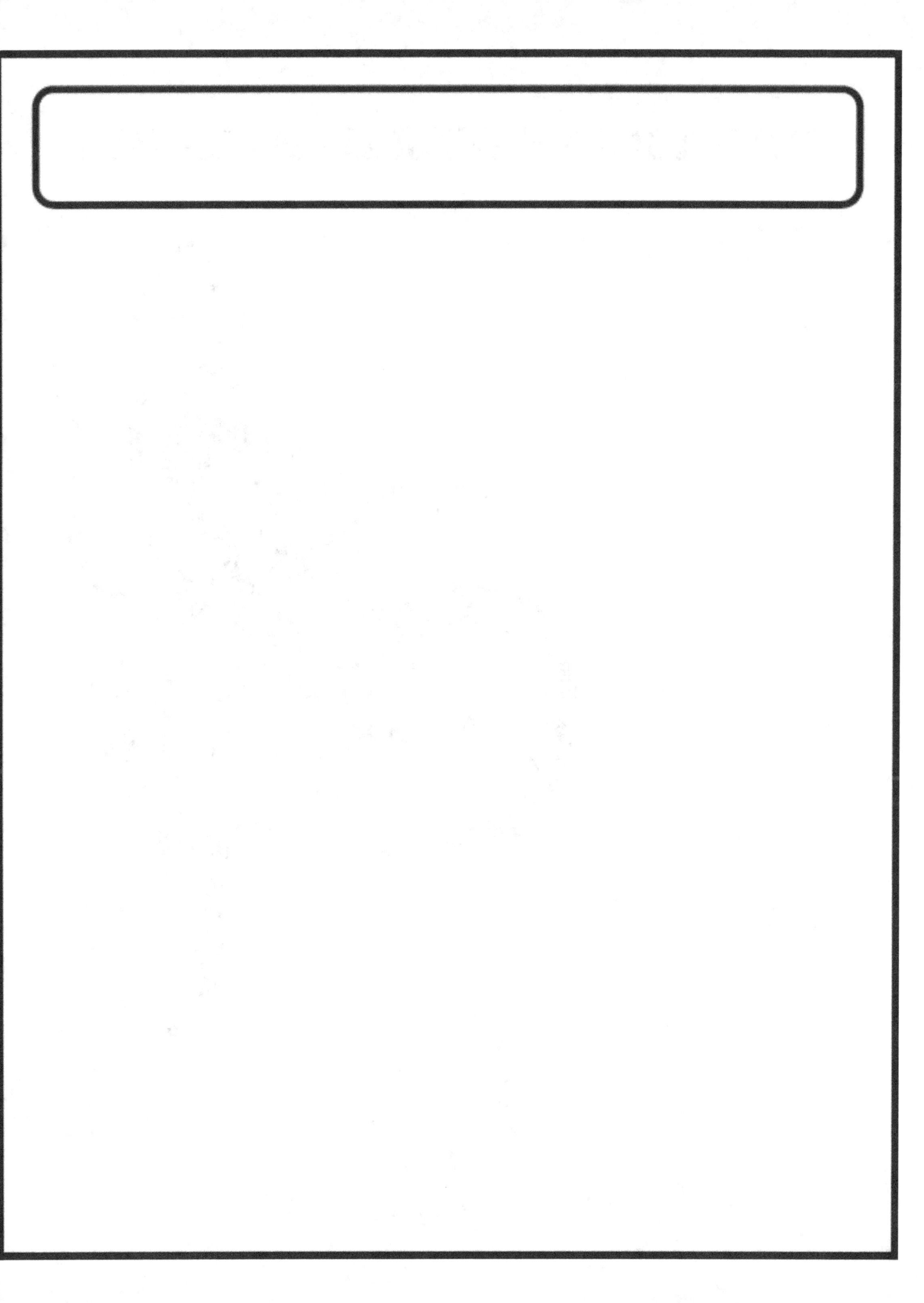

DRECKIGES FAHRRAD MALBUCH

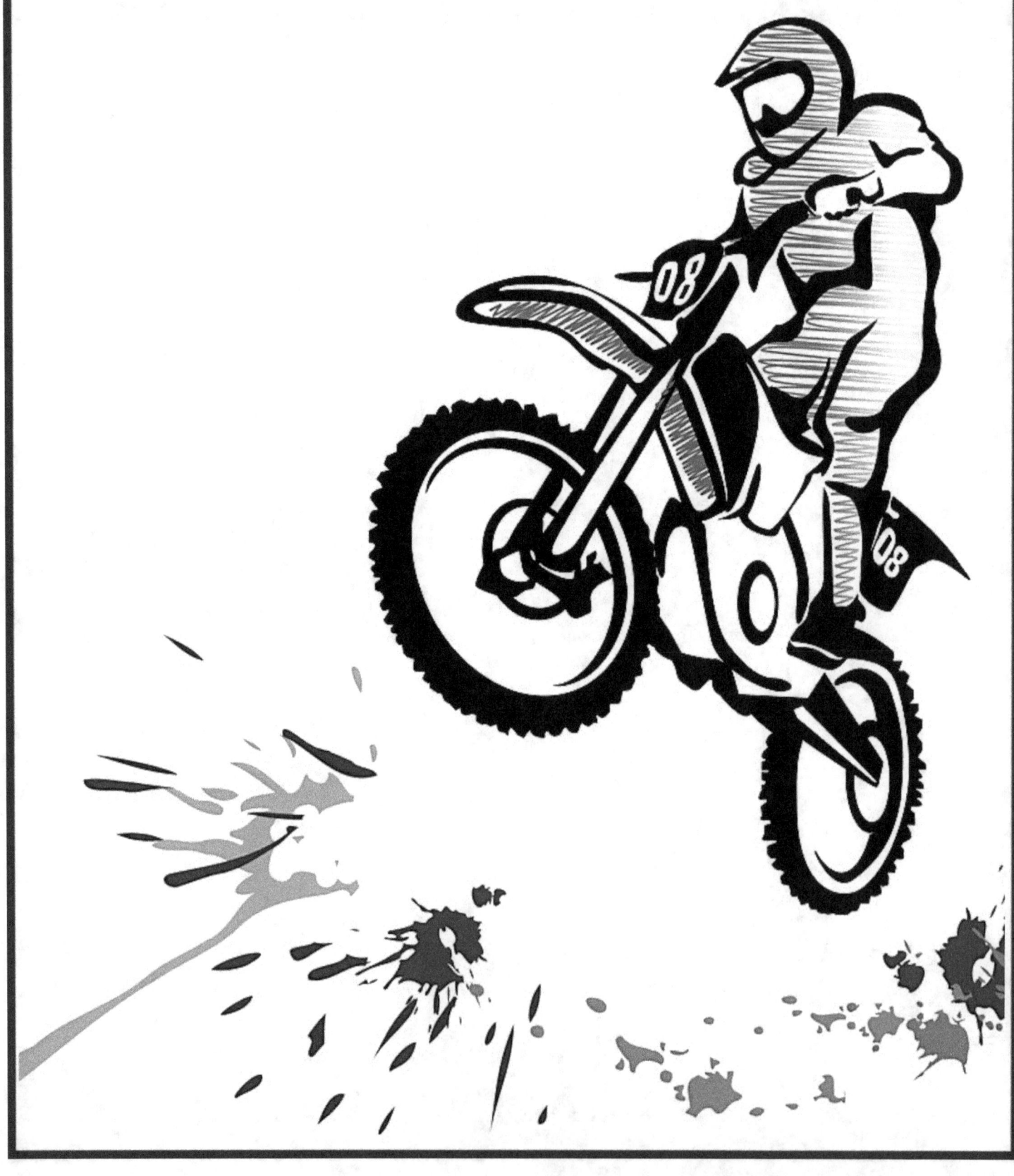

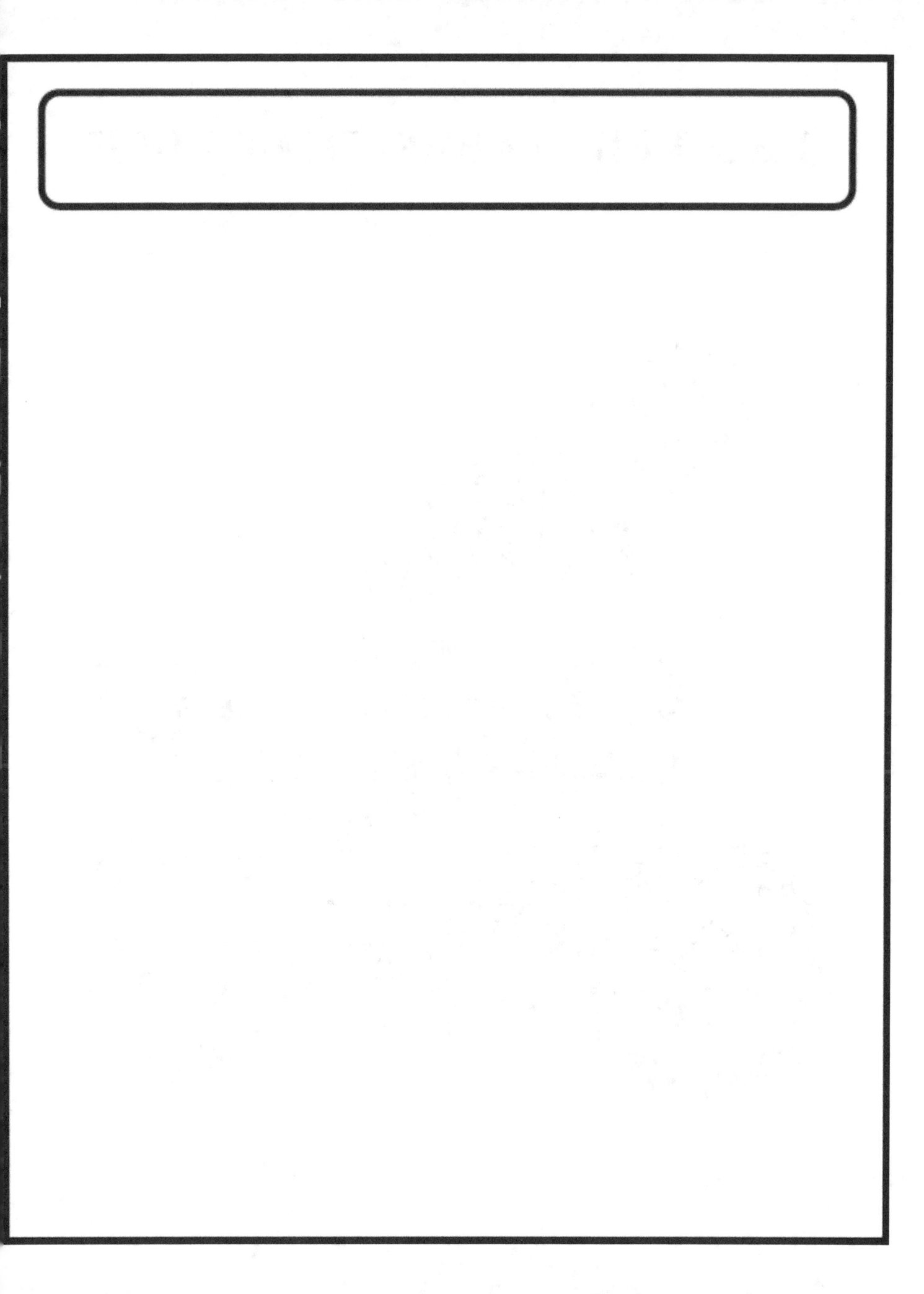

DRECKIGES FAHRRAD MALBUCH

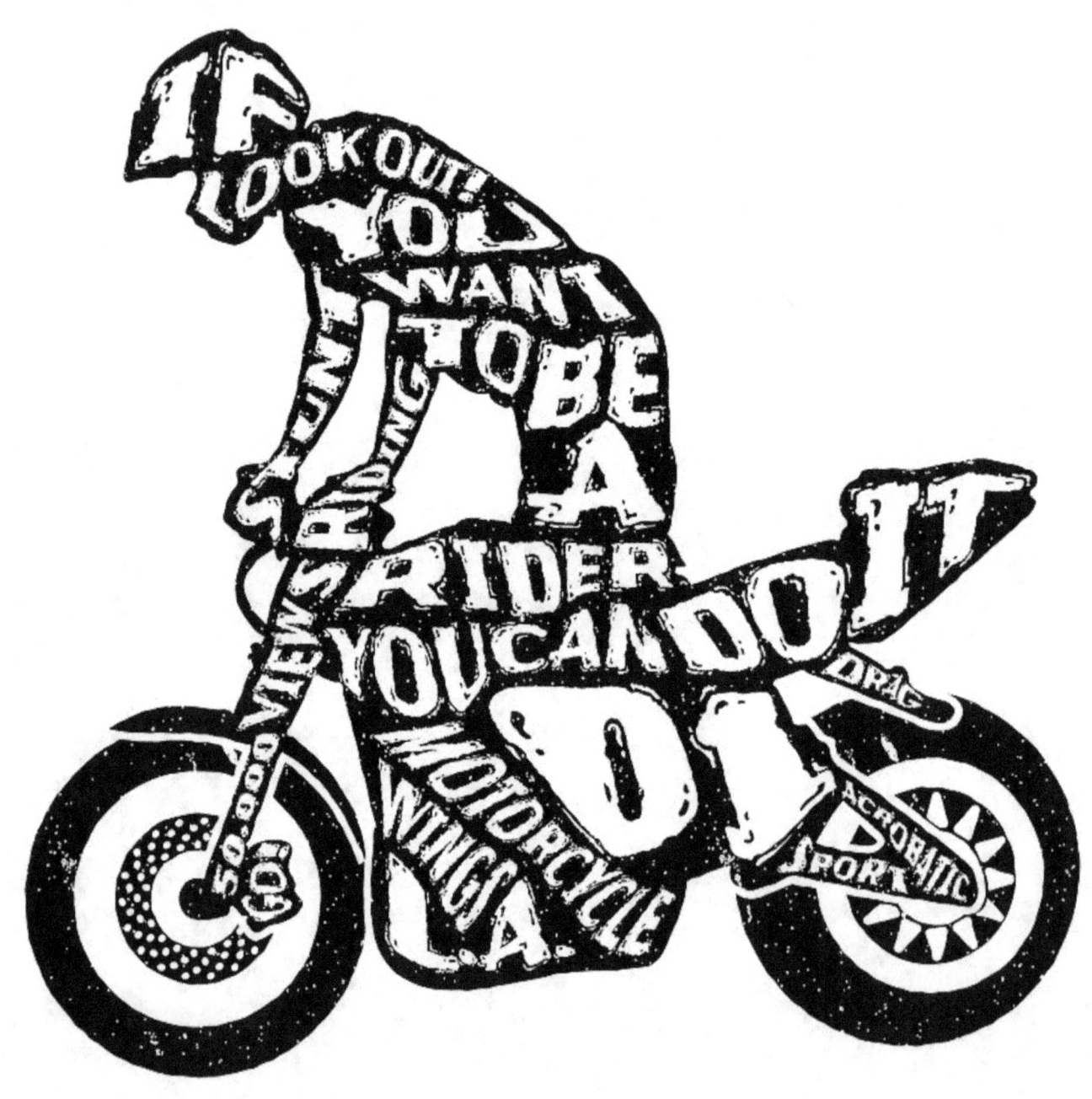

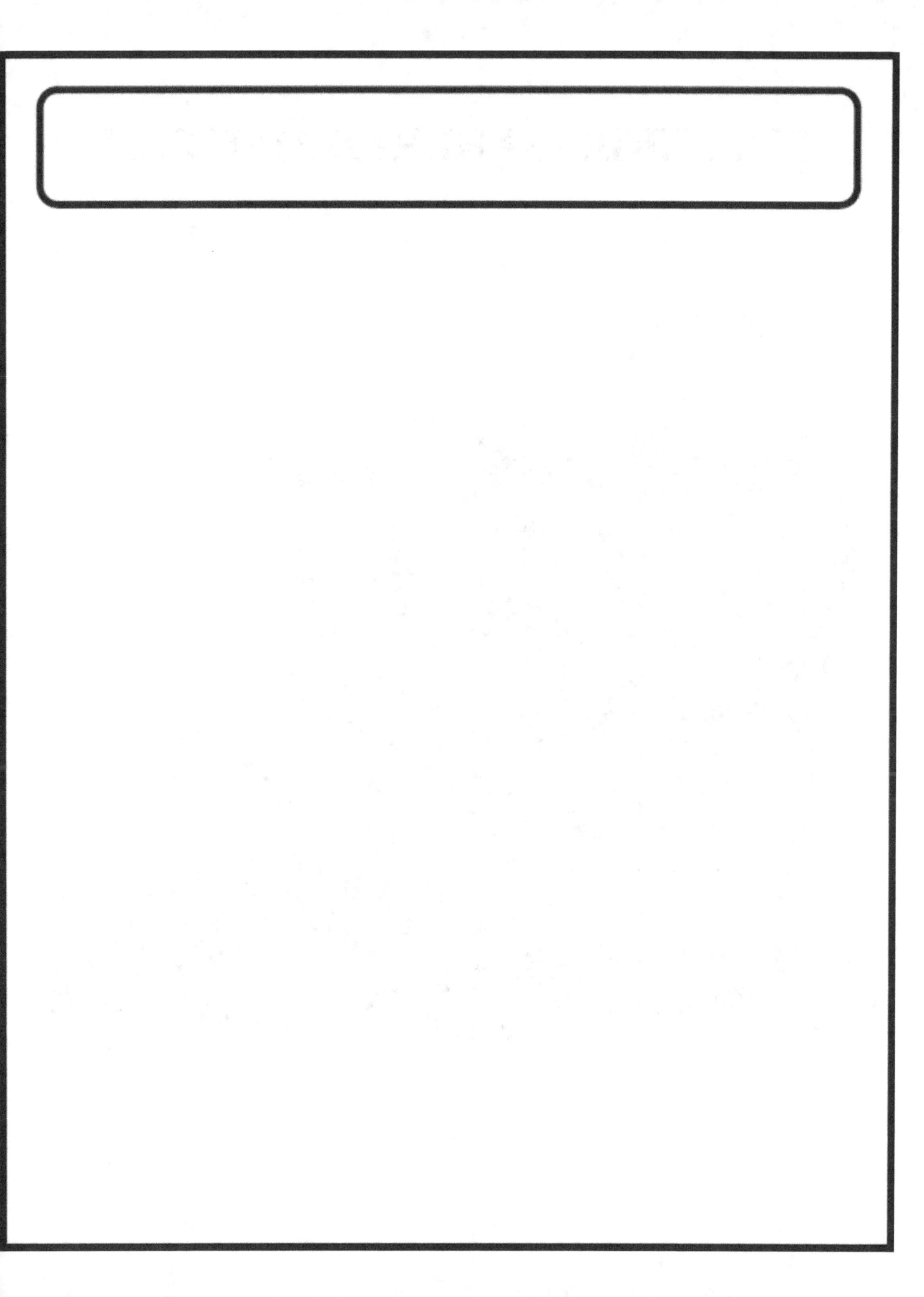

DRECKIGES FAHRRAD MALBUCH

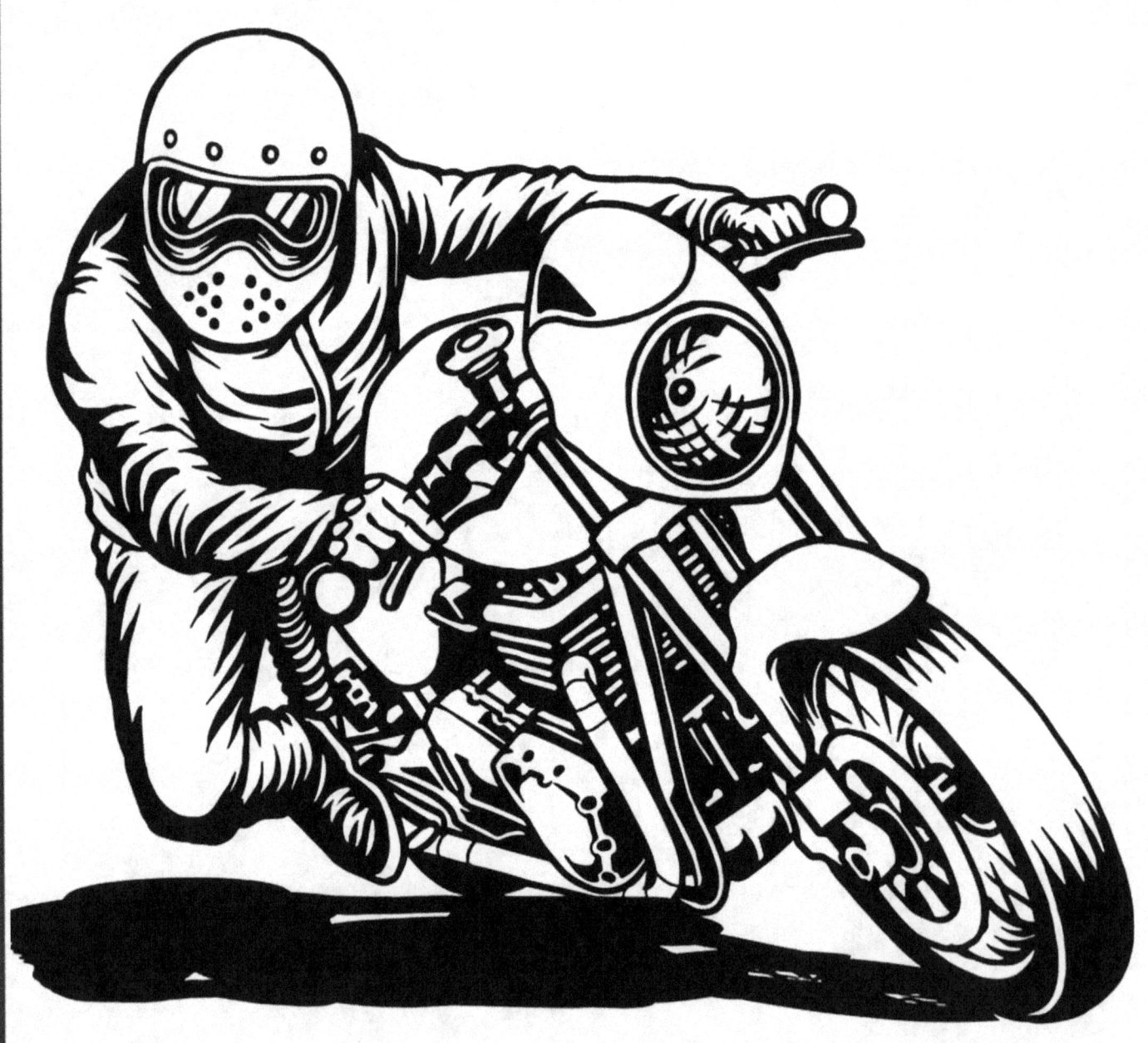

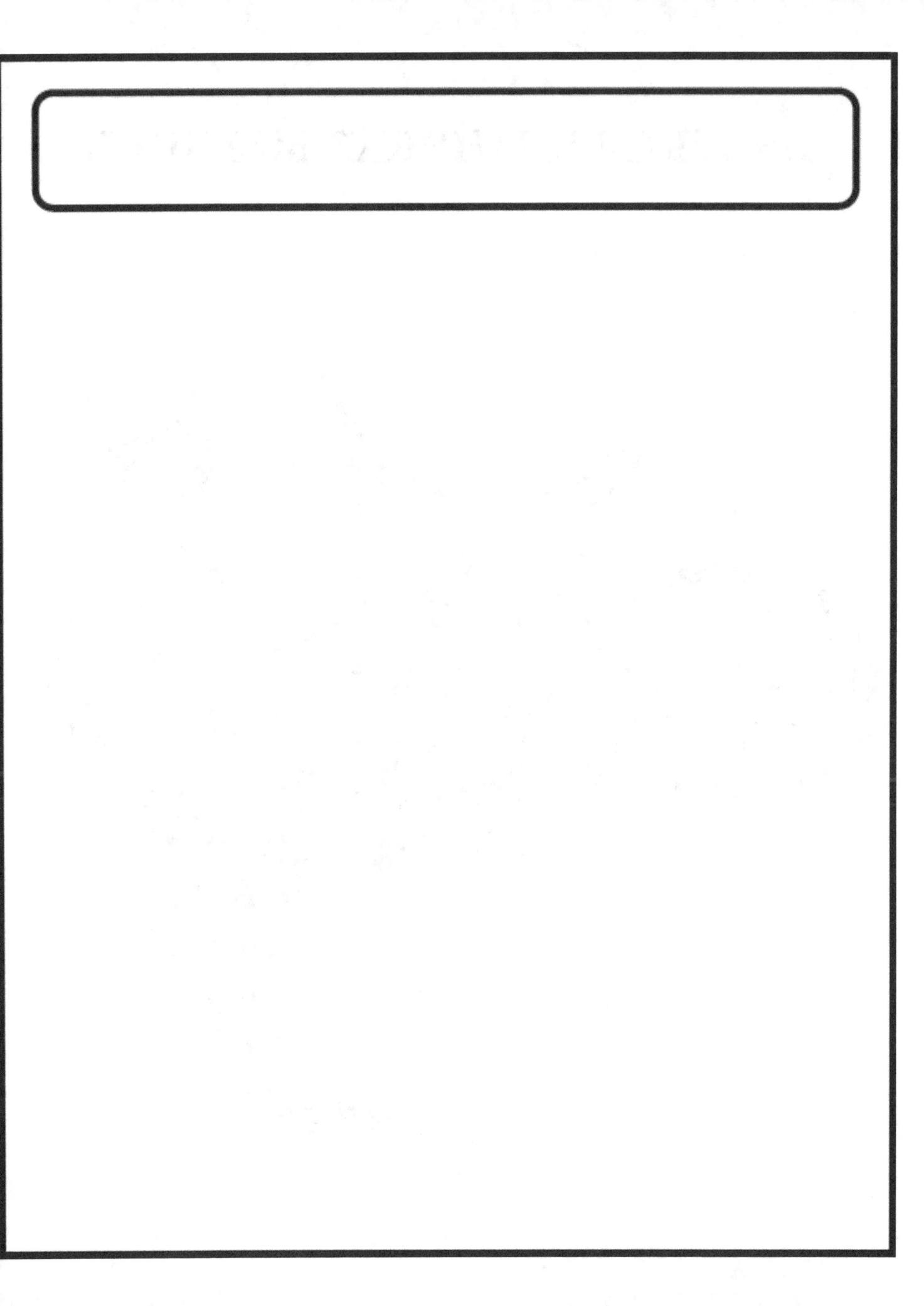

DRECKIGES FAHRRAD MALBUCH

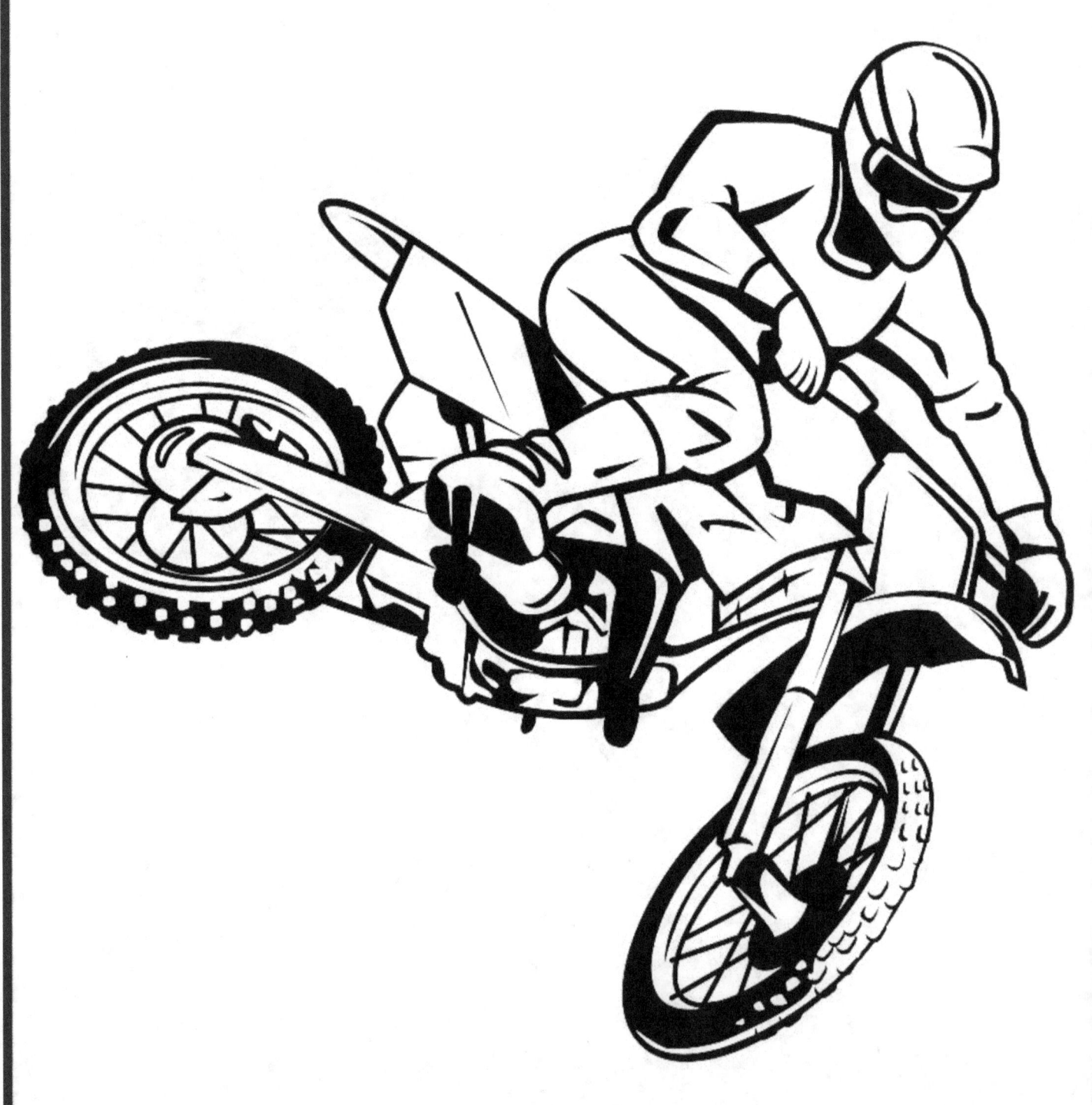

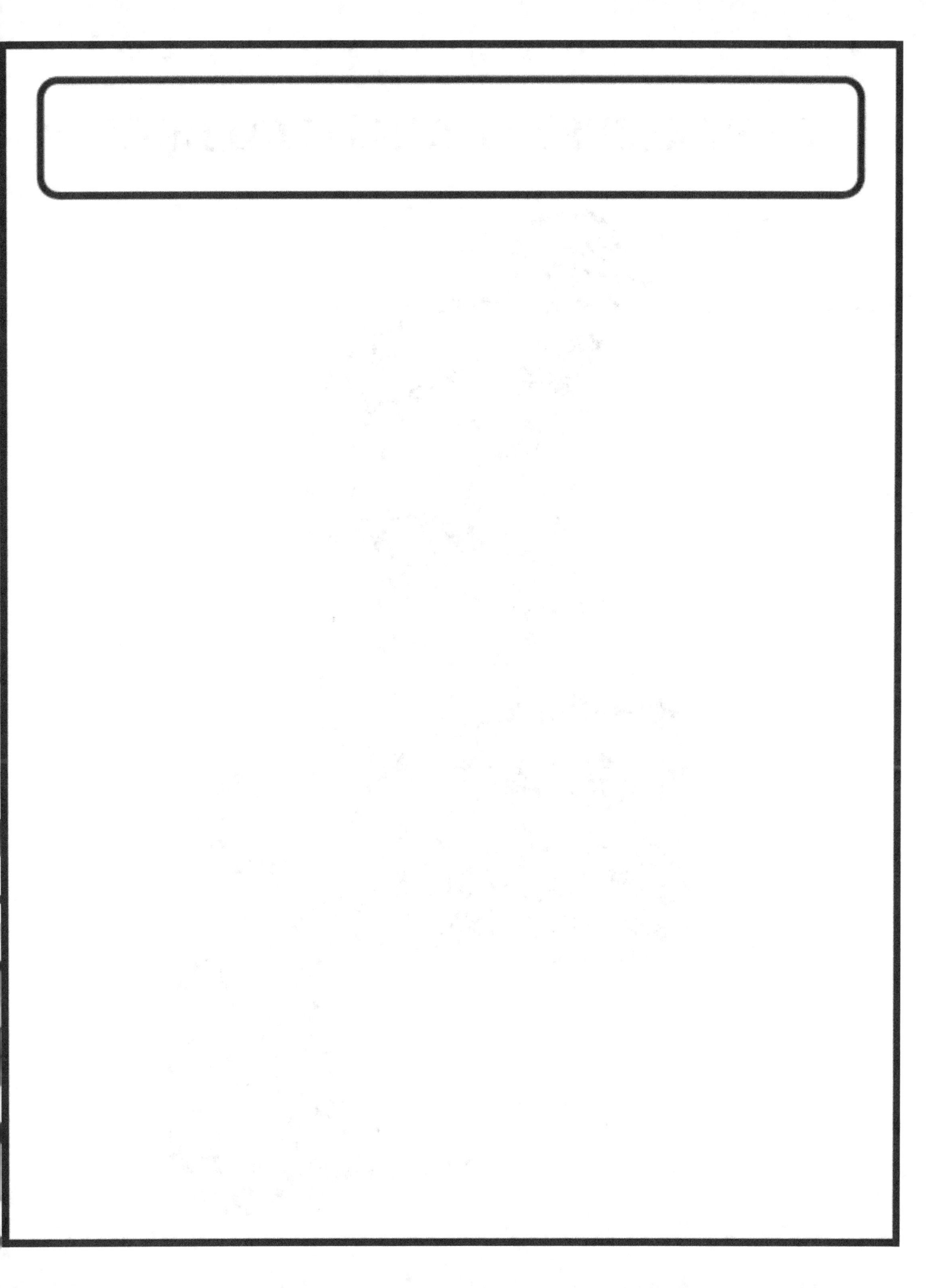

DRECKIGES FAHRRAD MALBUCH

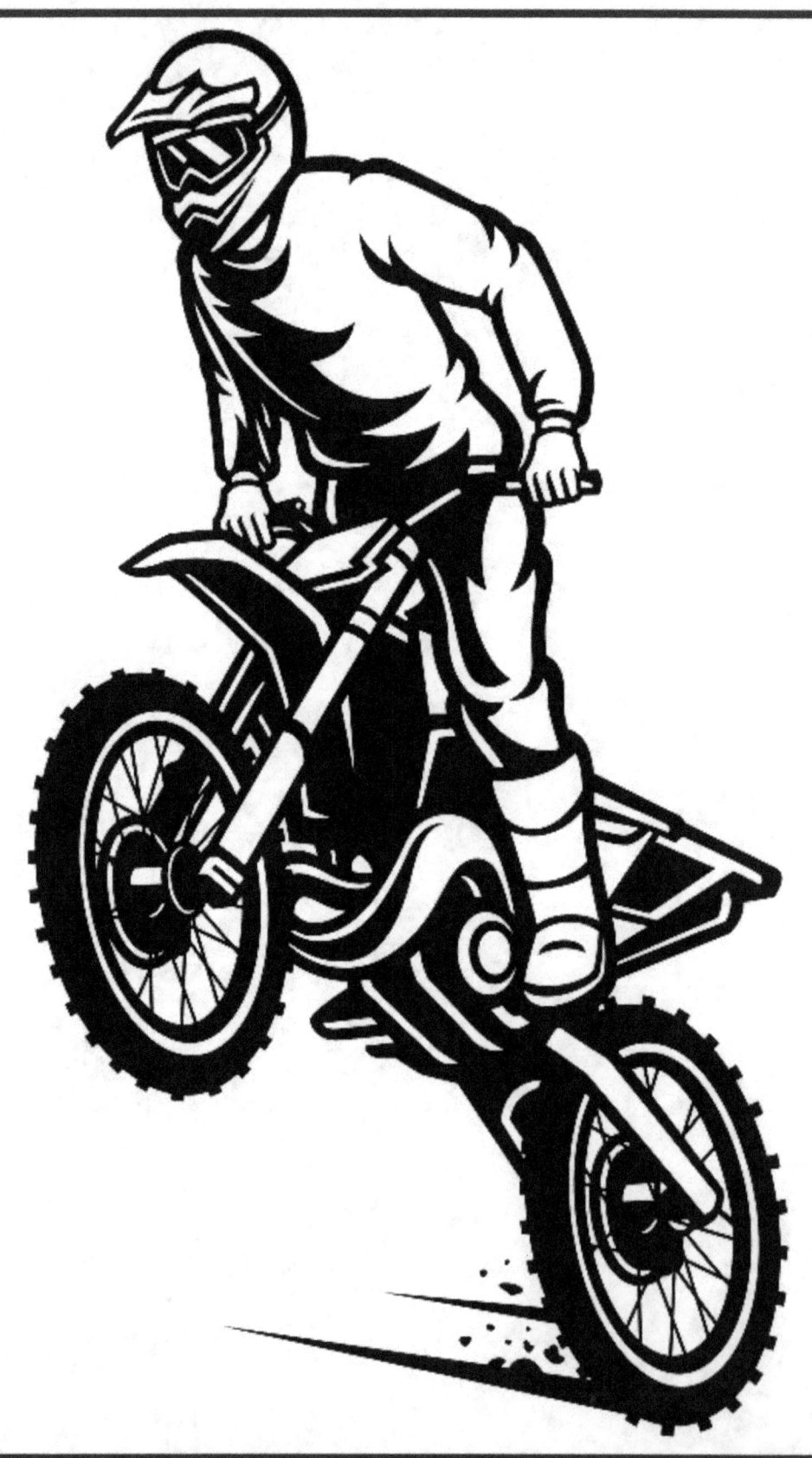

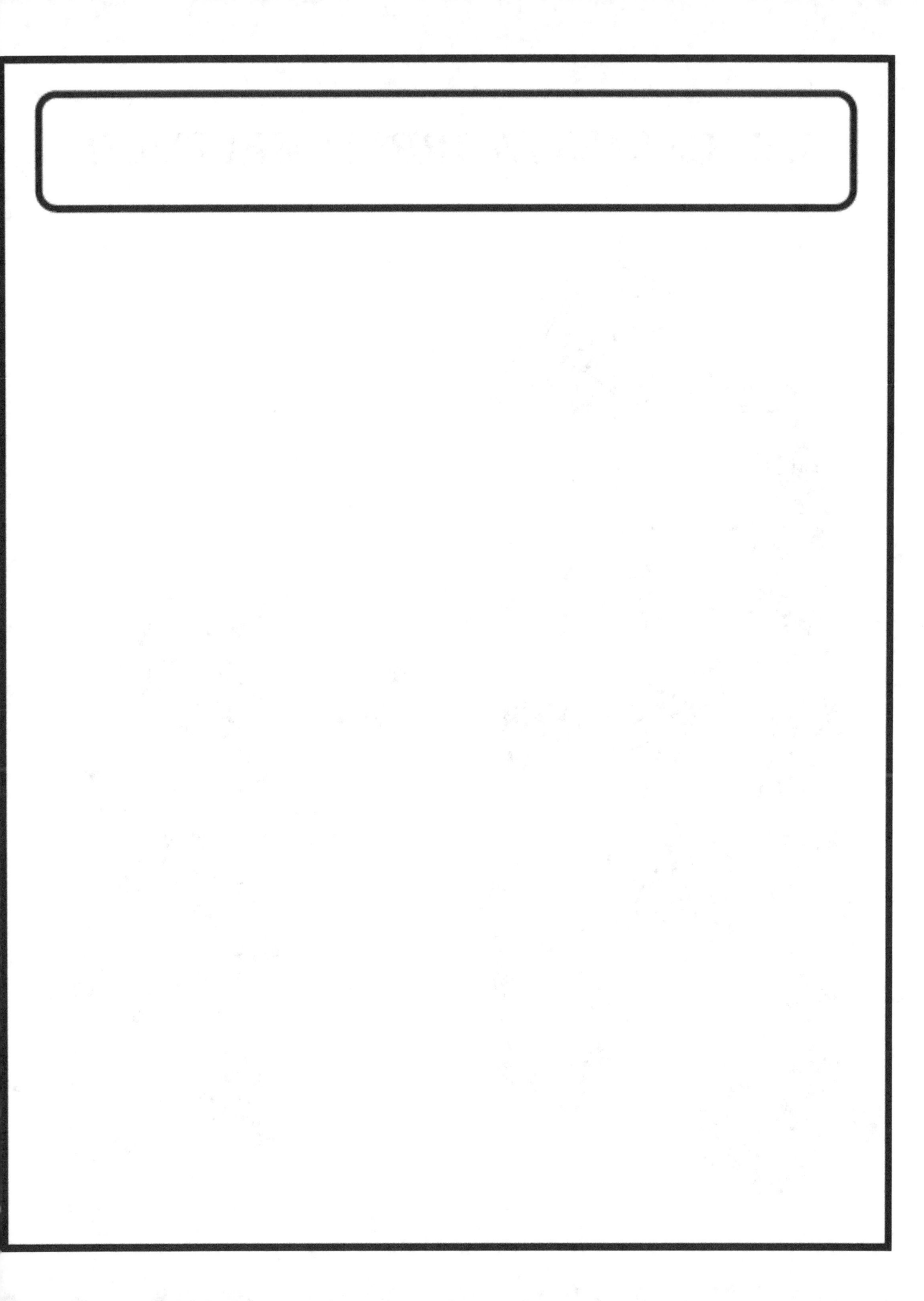

DRECKIGES FAHRRAD MALBUCH

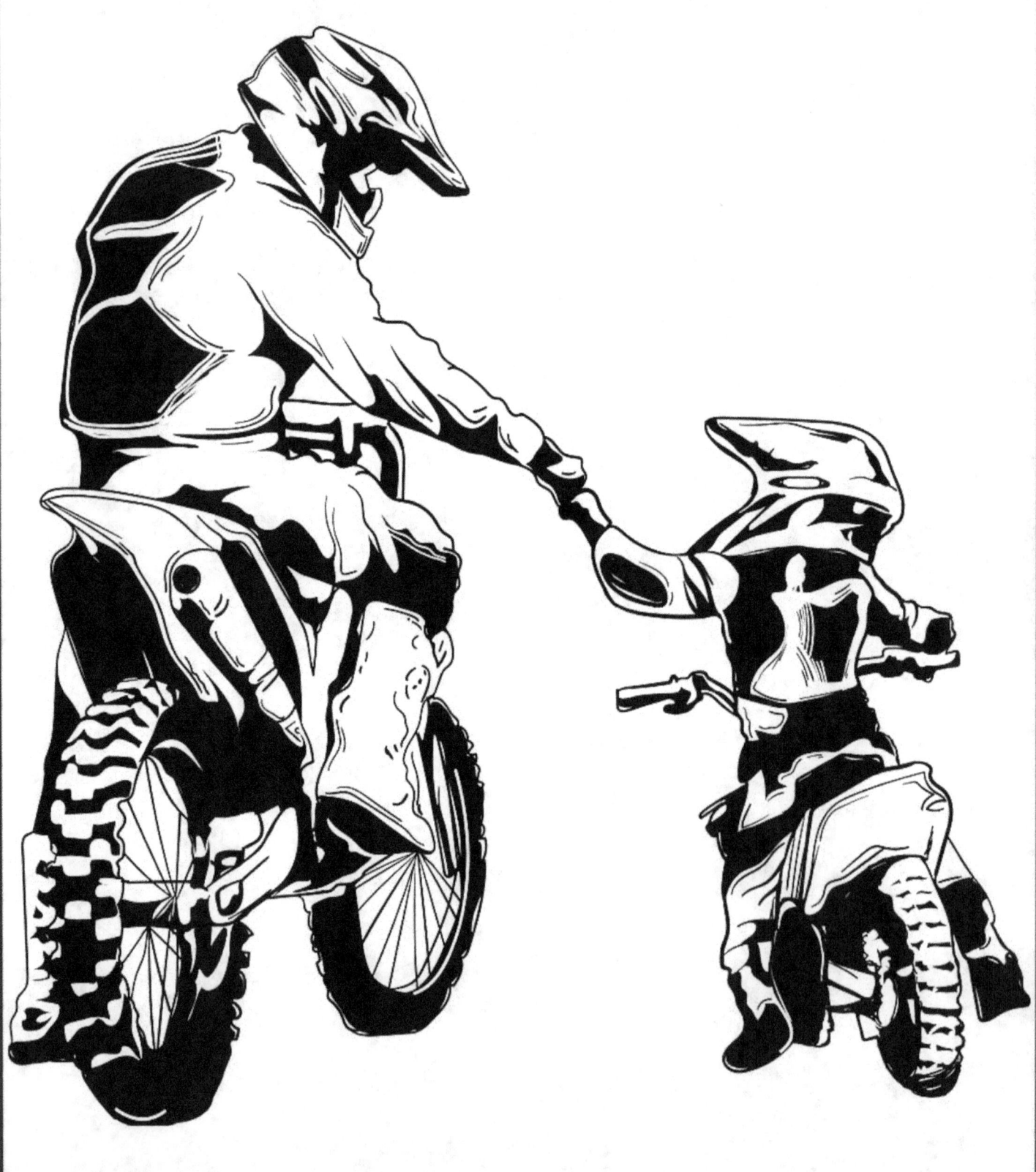

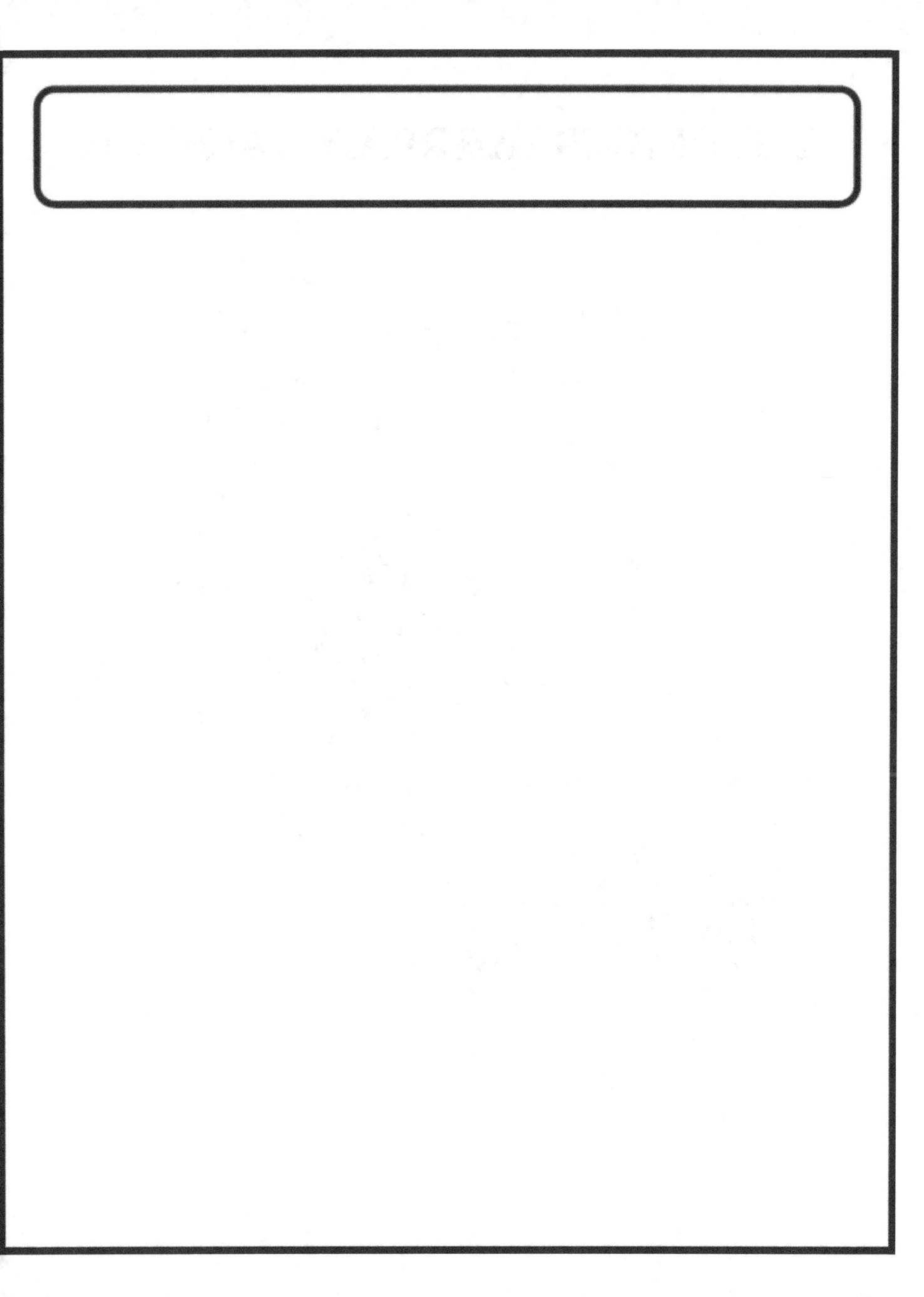

DRECKIGES FAHRRAD MALBUCH

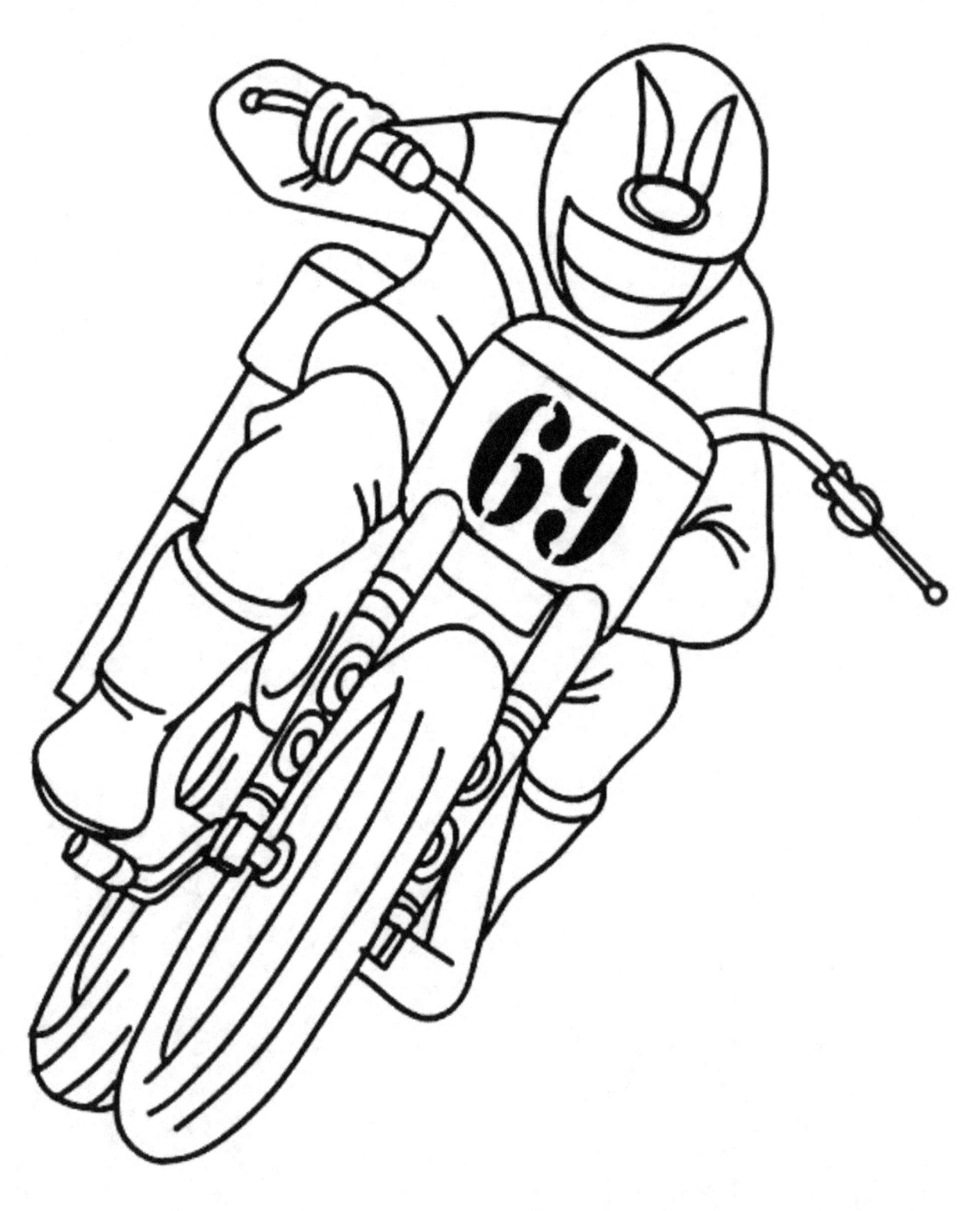

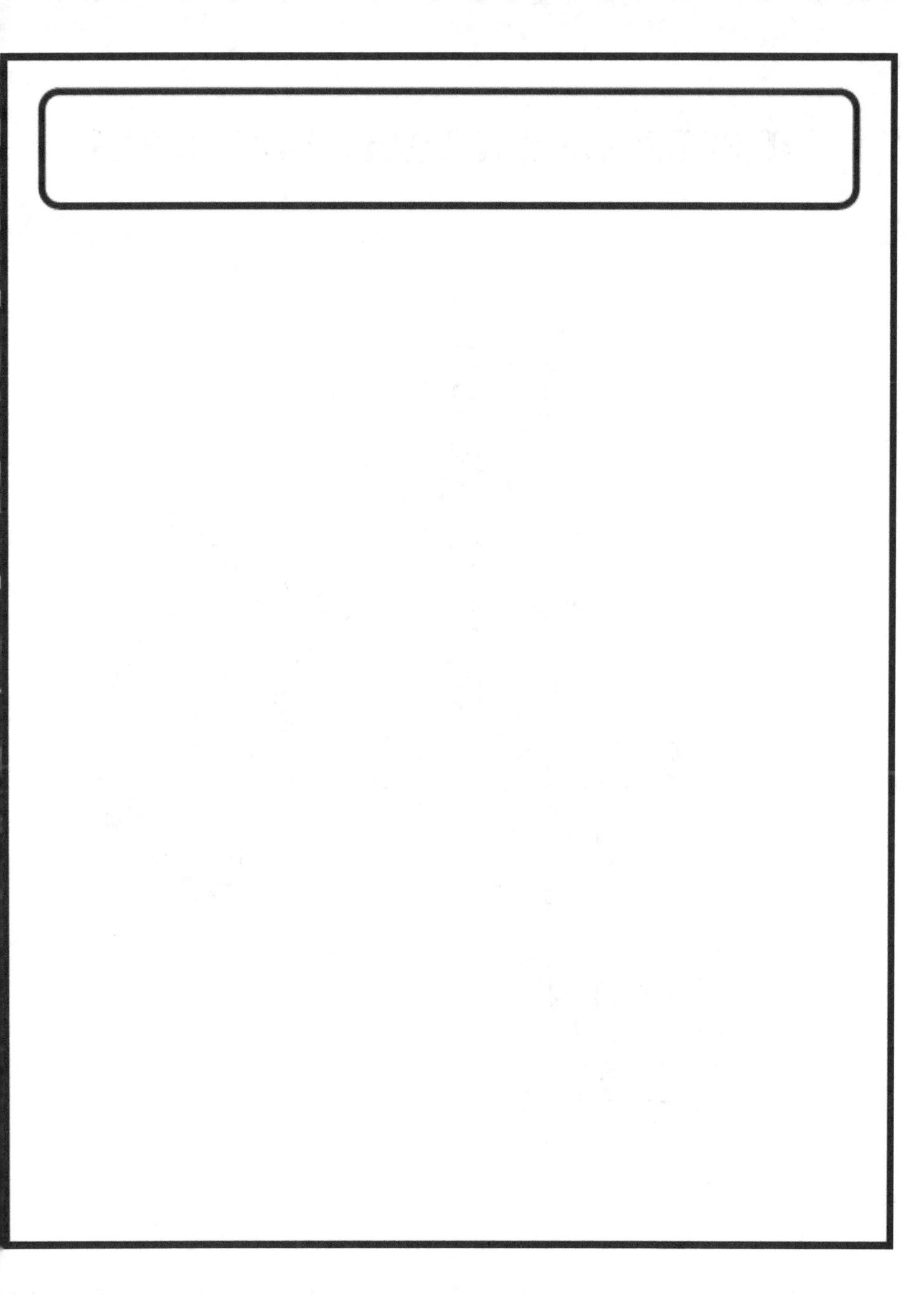

DRECKIGES FAHRRAD MALBUCH

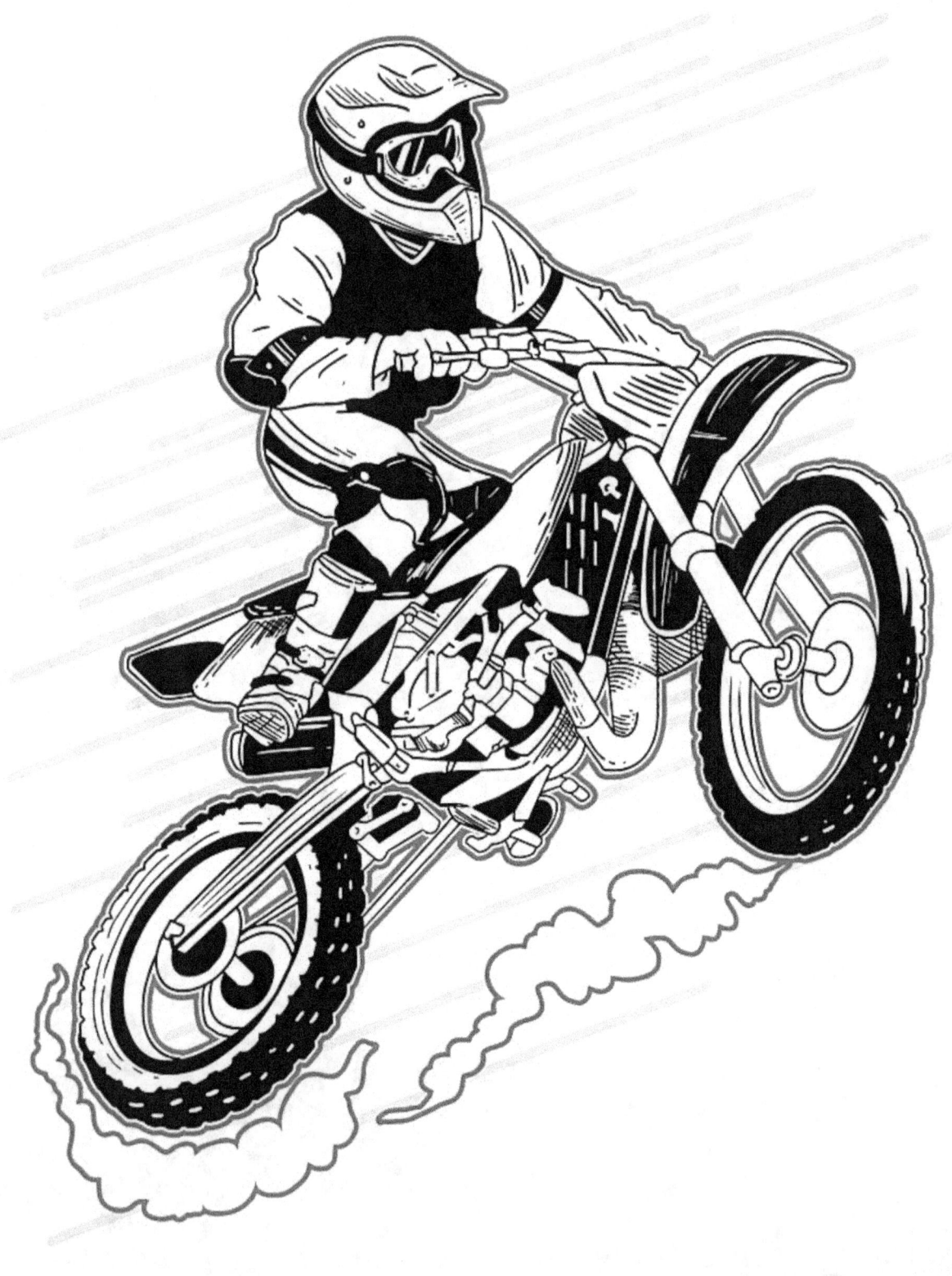

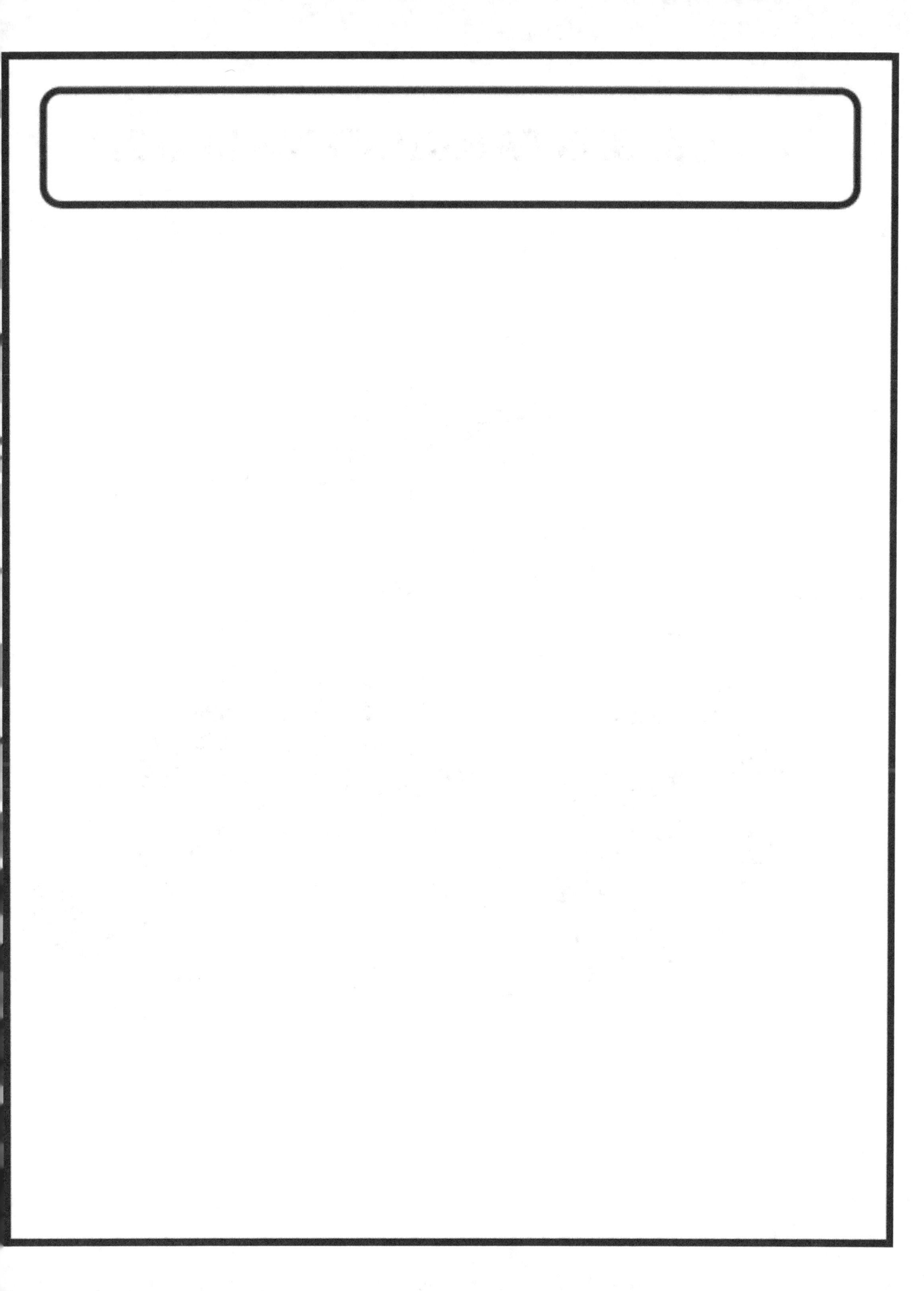

DRECKIGES FAHRRAD MALBUCH

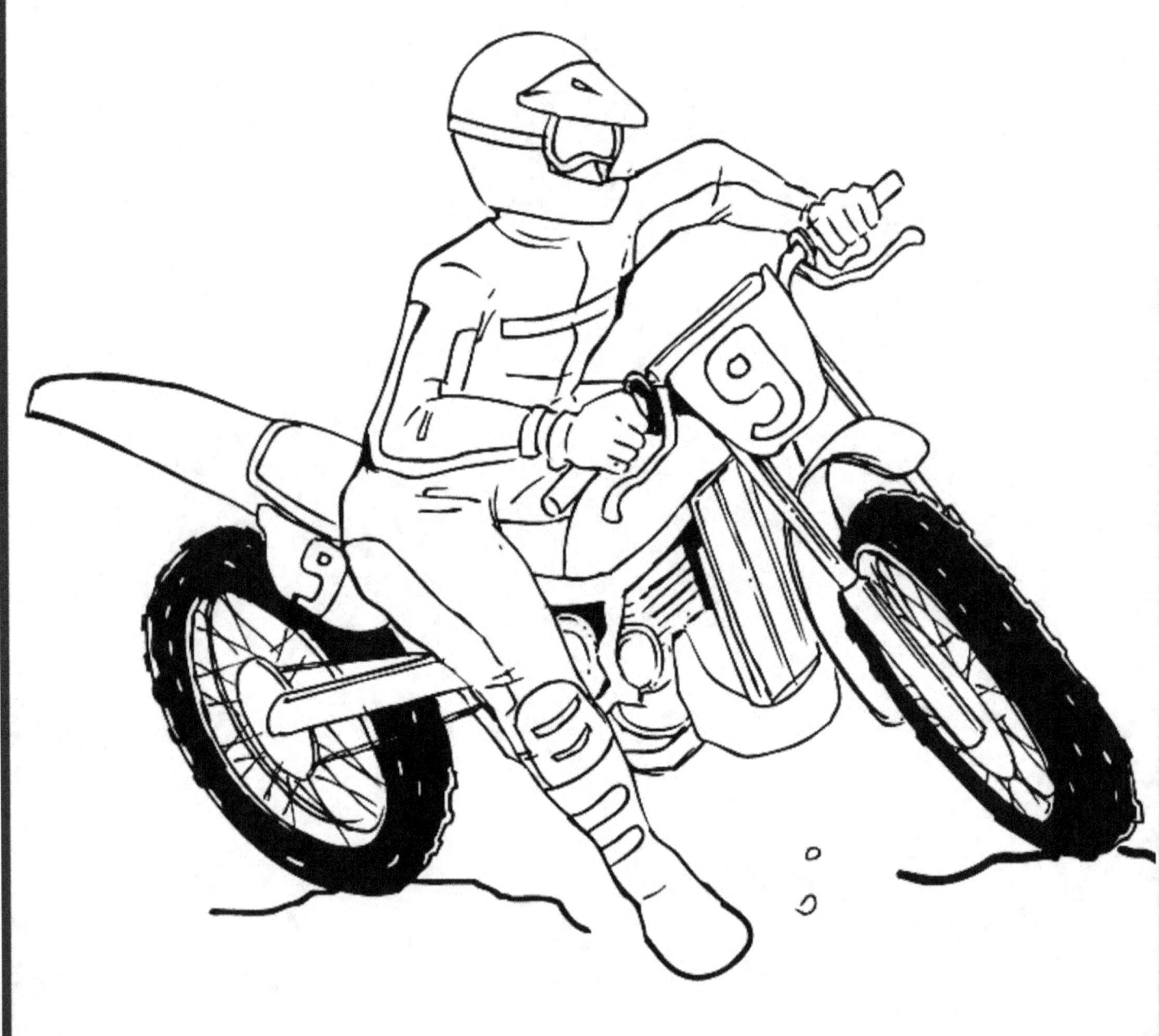

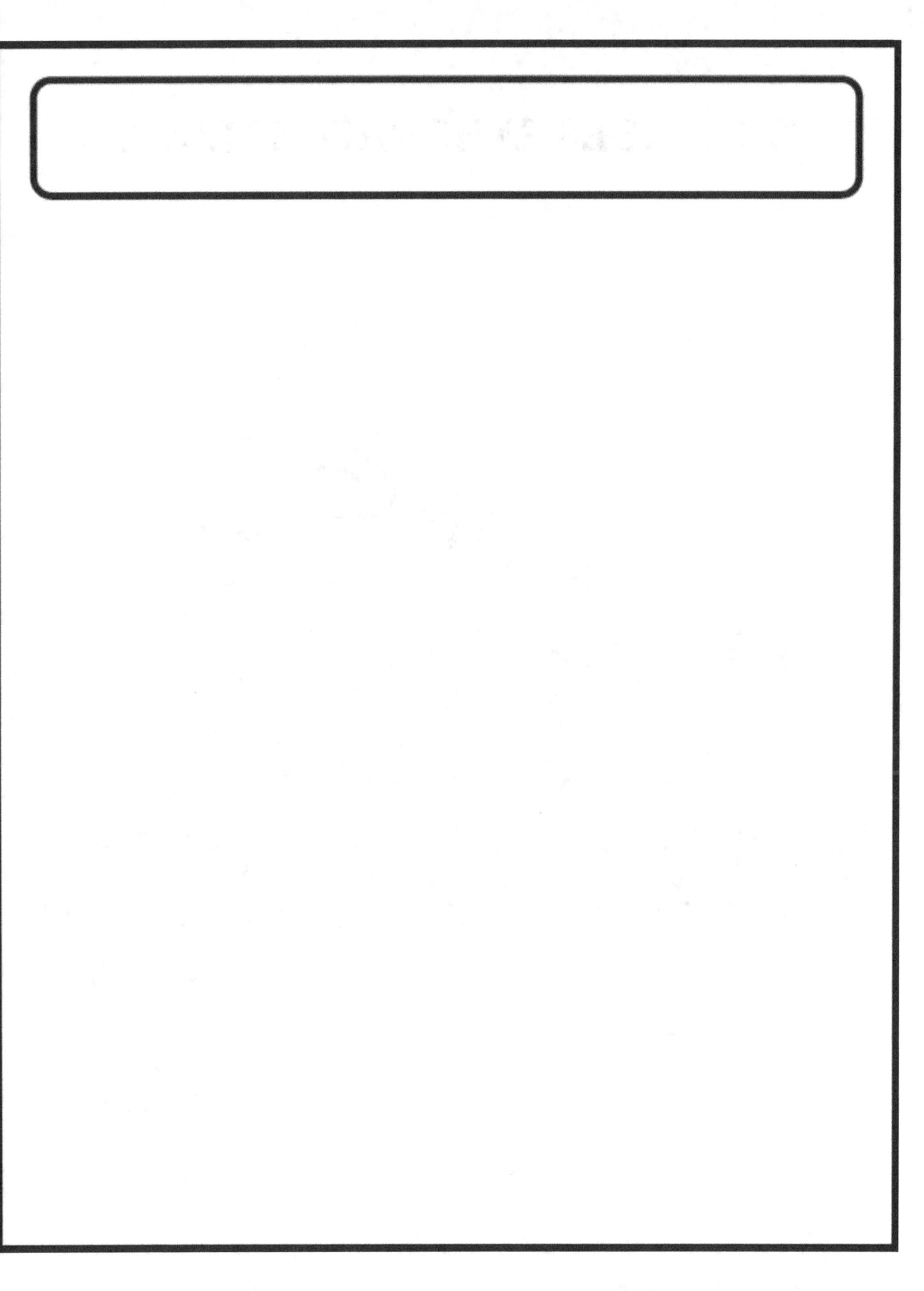

DRECKIGES FAHRRAD MALBUCH

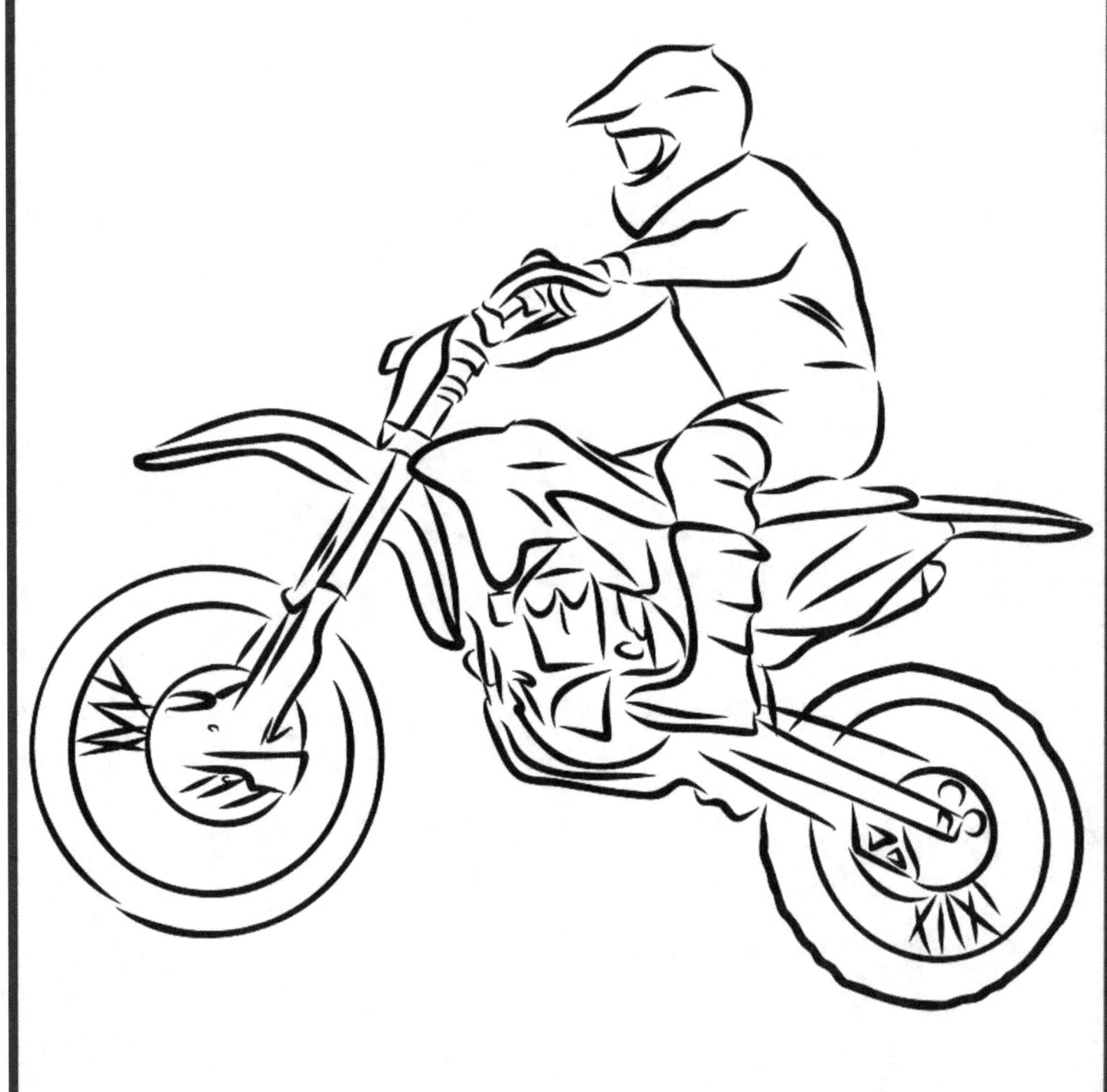

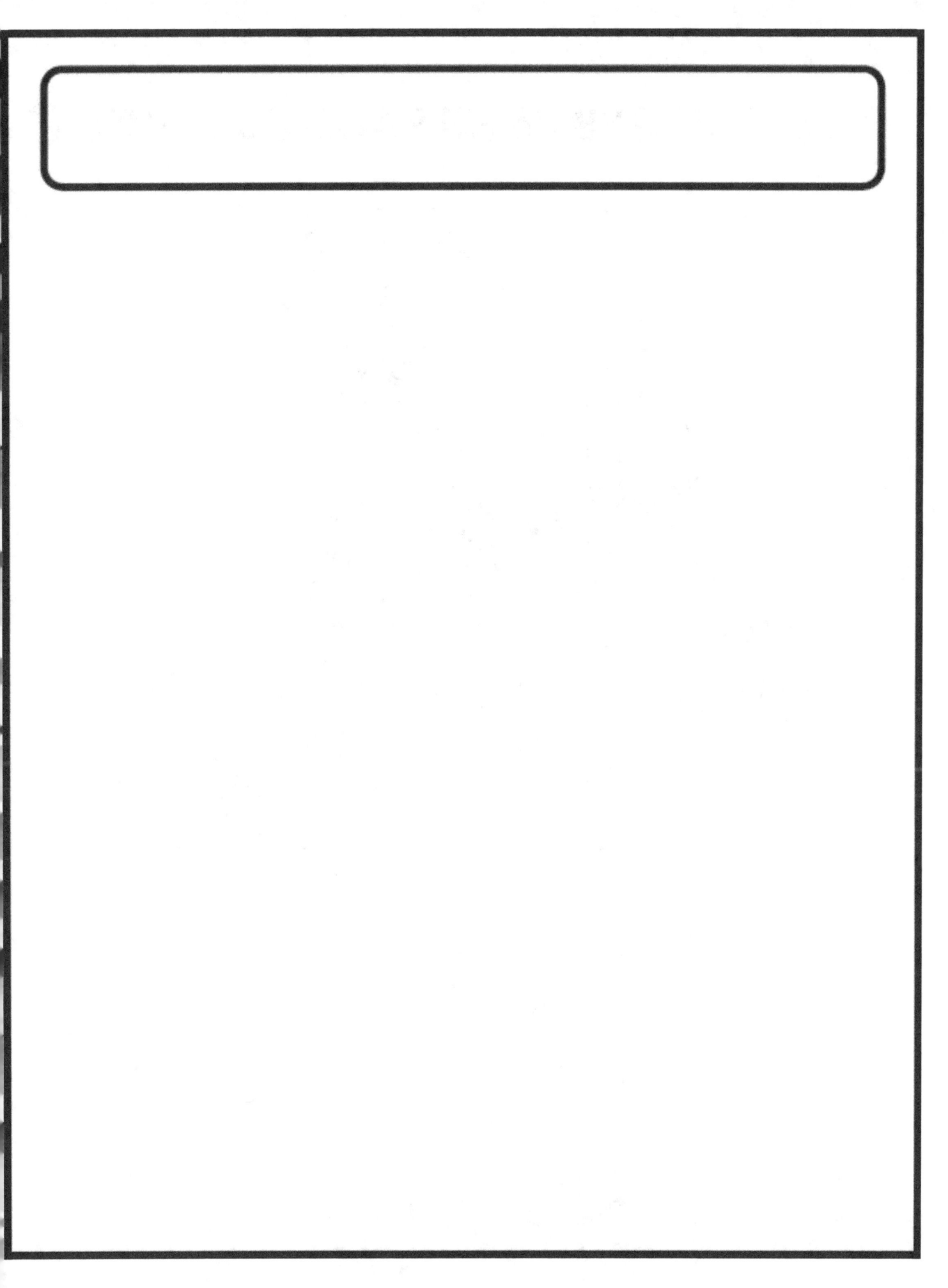

DRECKIGES FAHRRAD MALBUCH

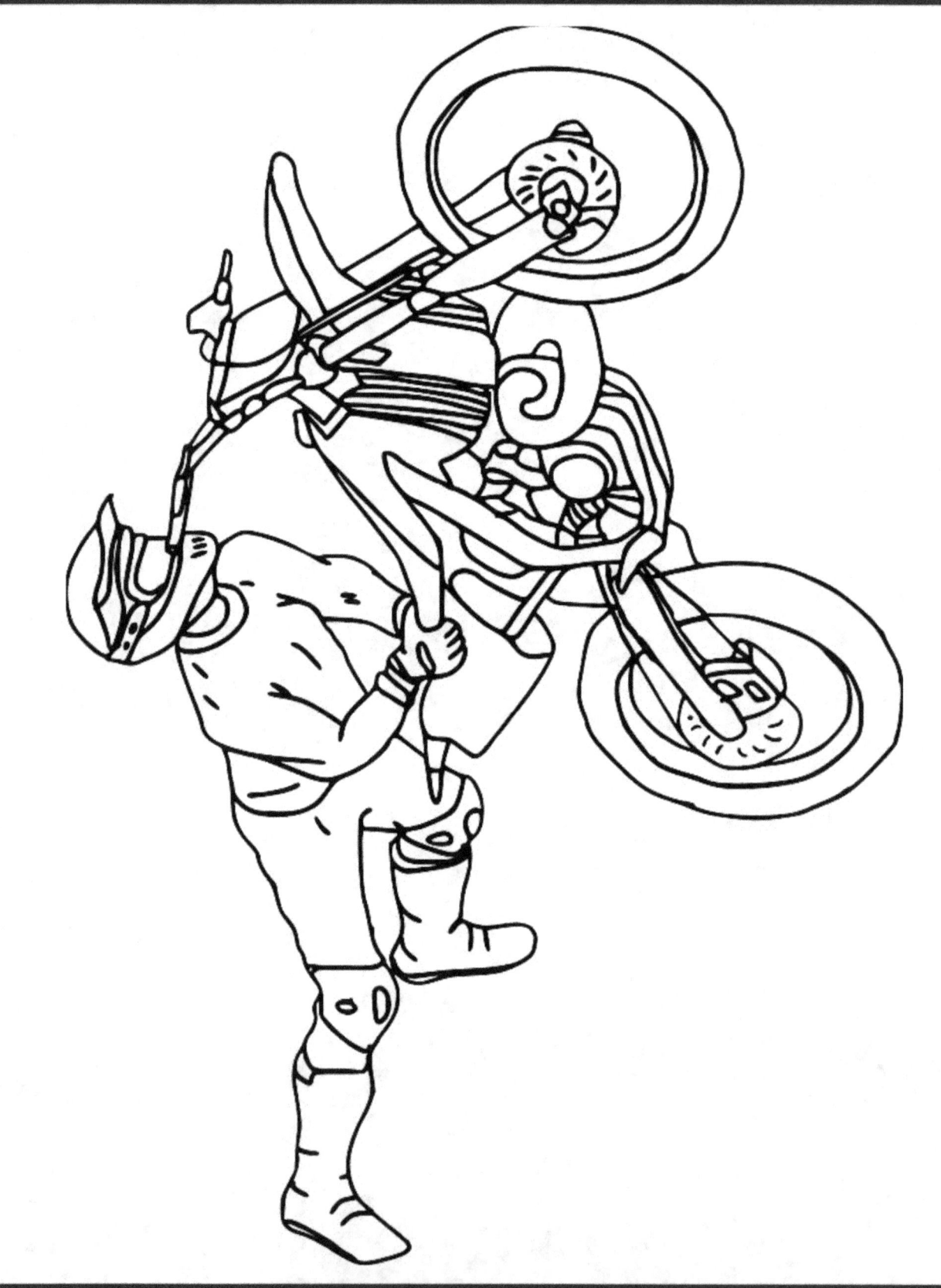

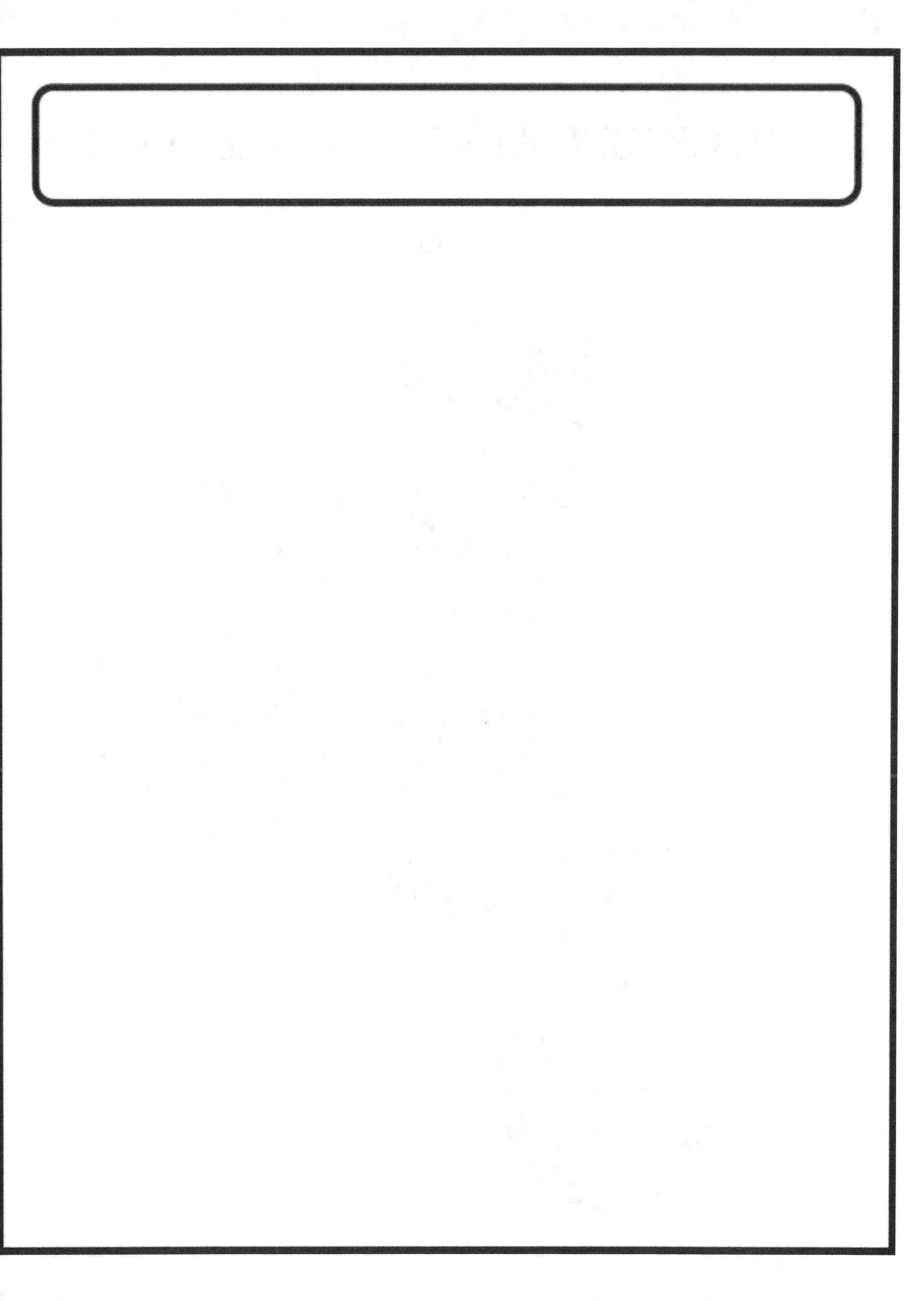

DRECKIGES FAHRRAD MALBUCH

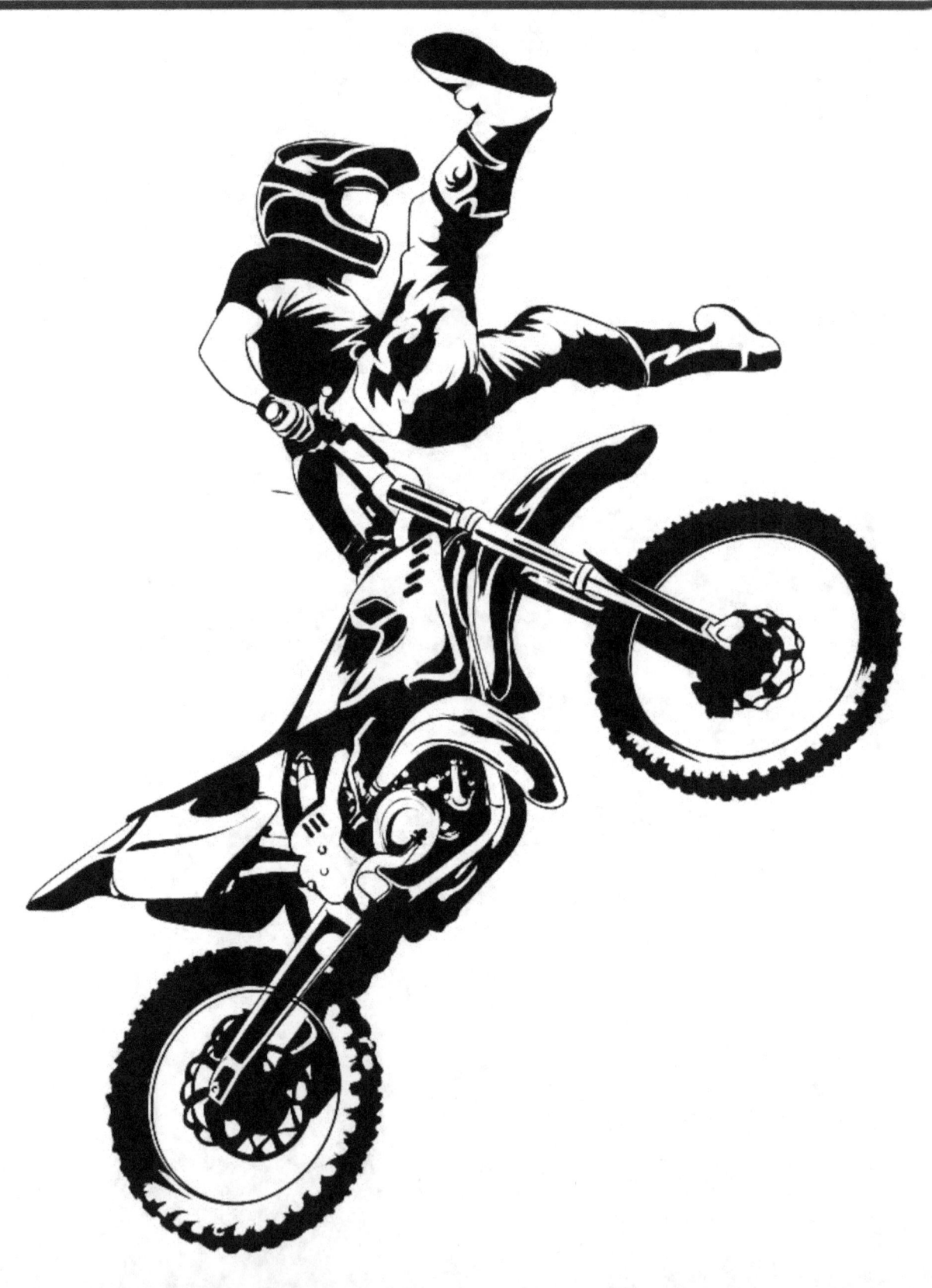

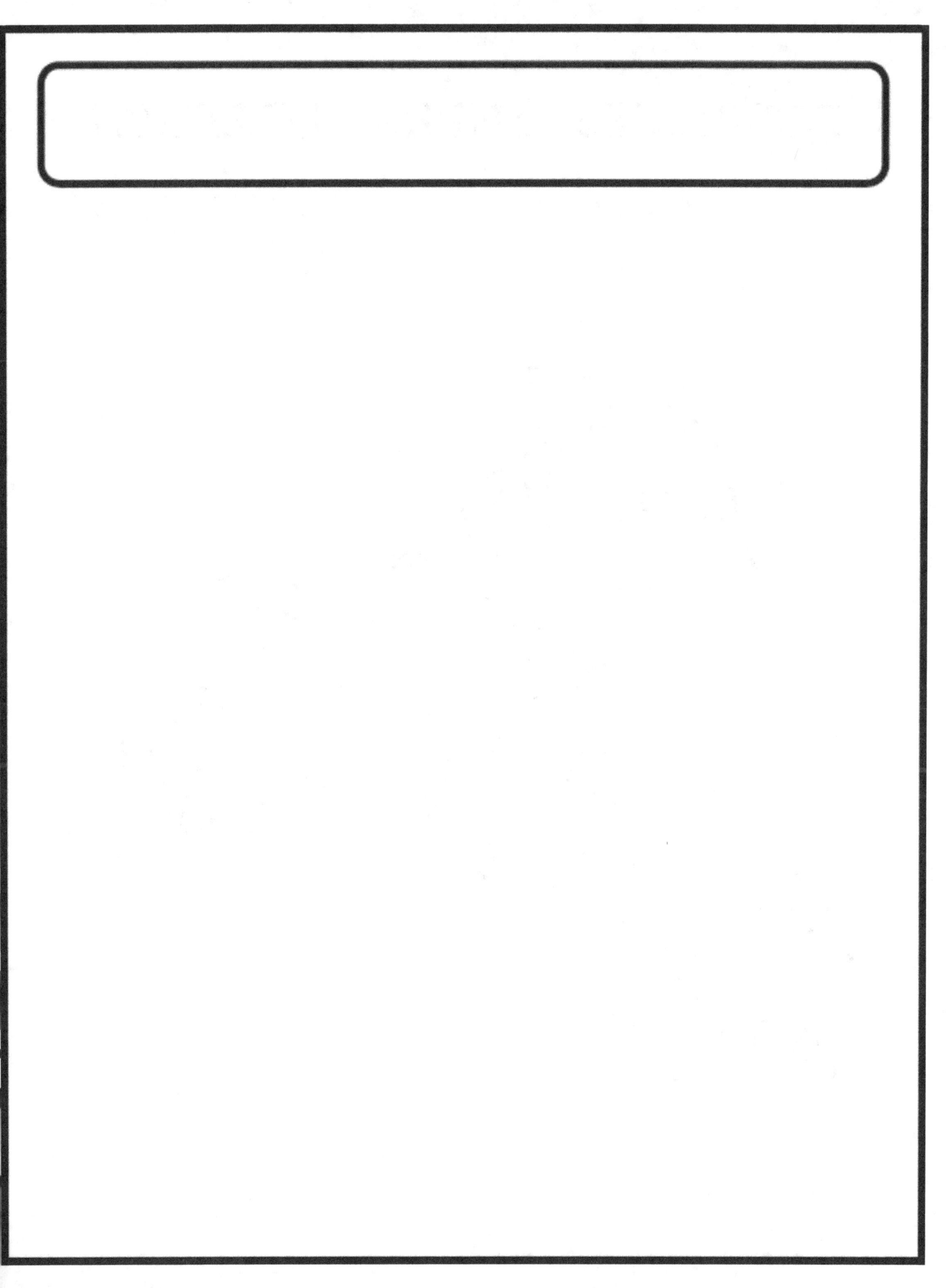

DRECKIGES FAHRRAD MALBUCH

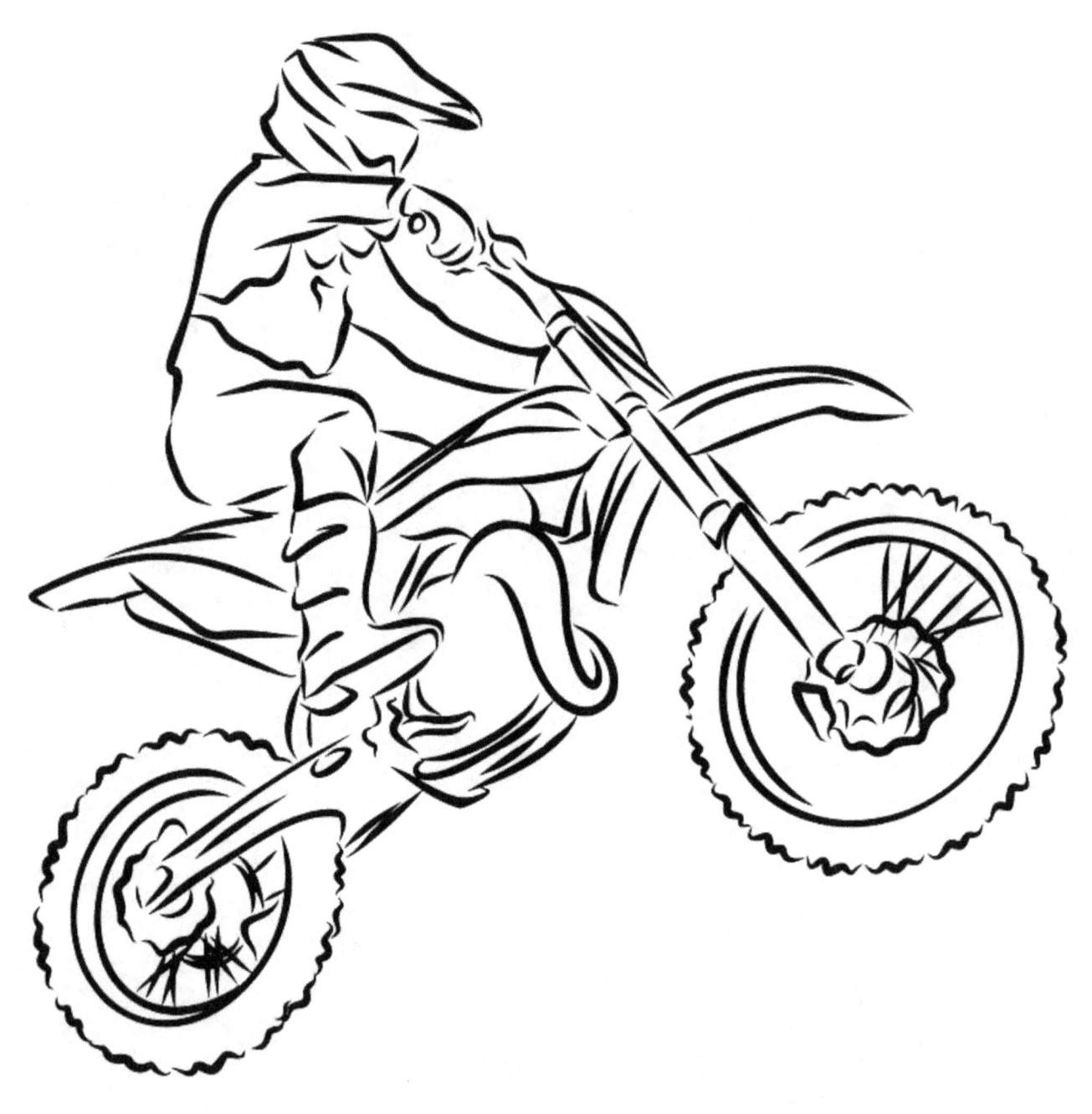

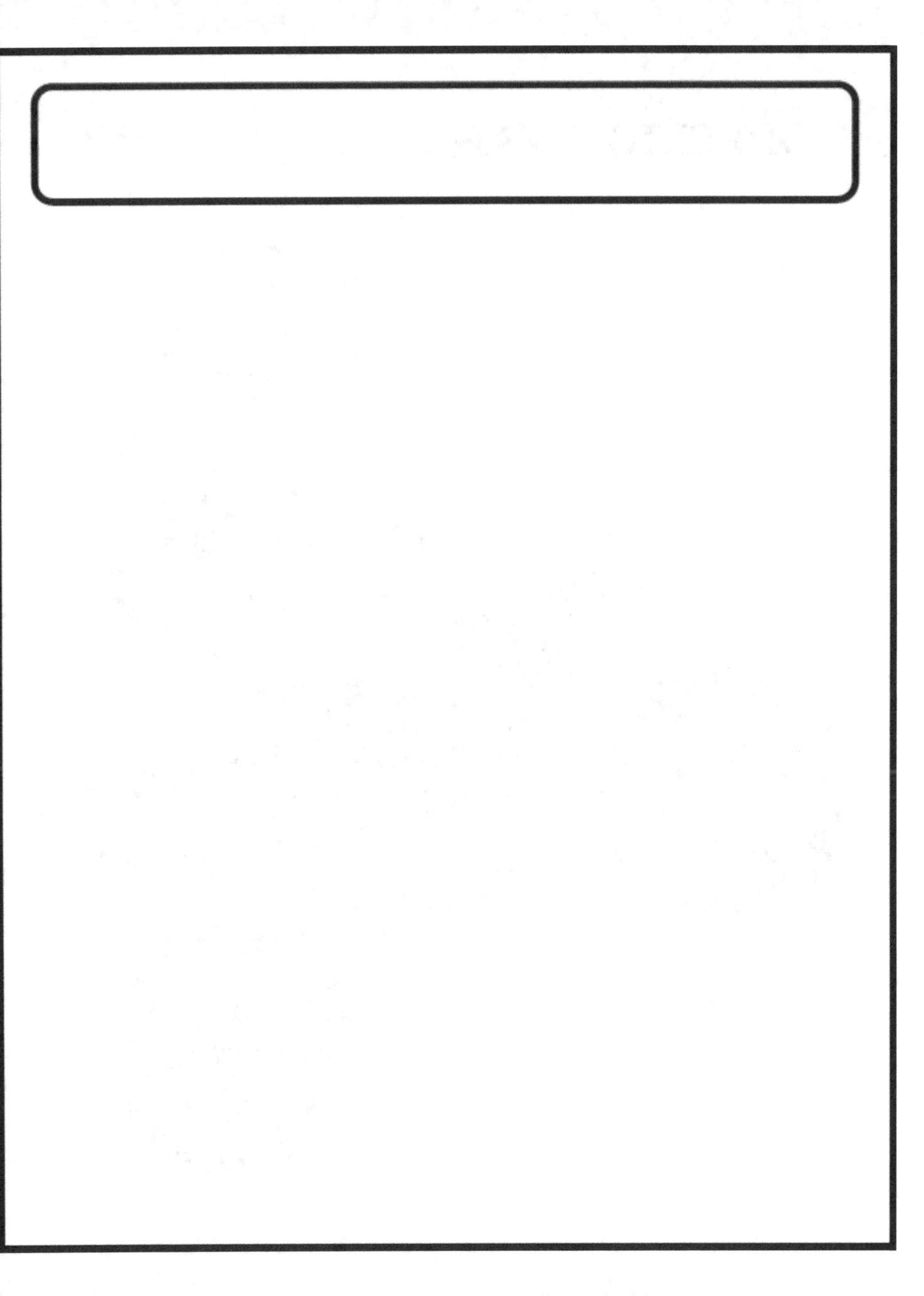

DRECKIGES FAHRRAD MALBUCH

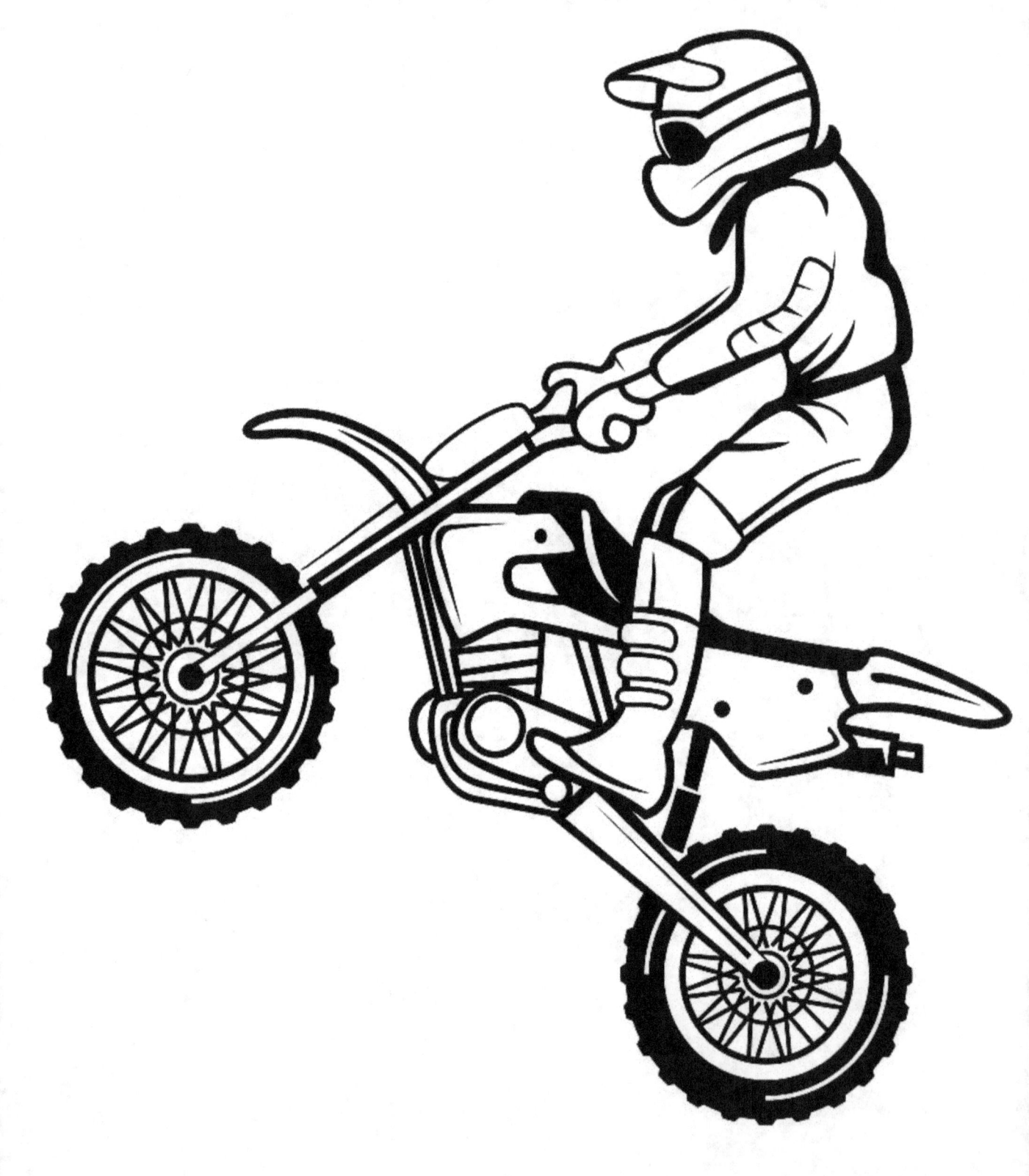

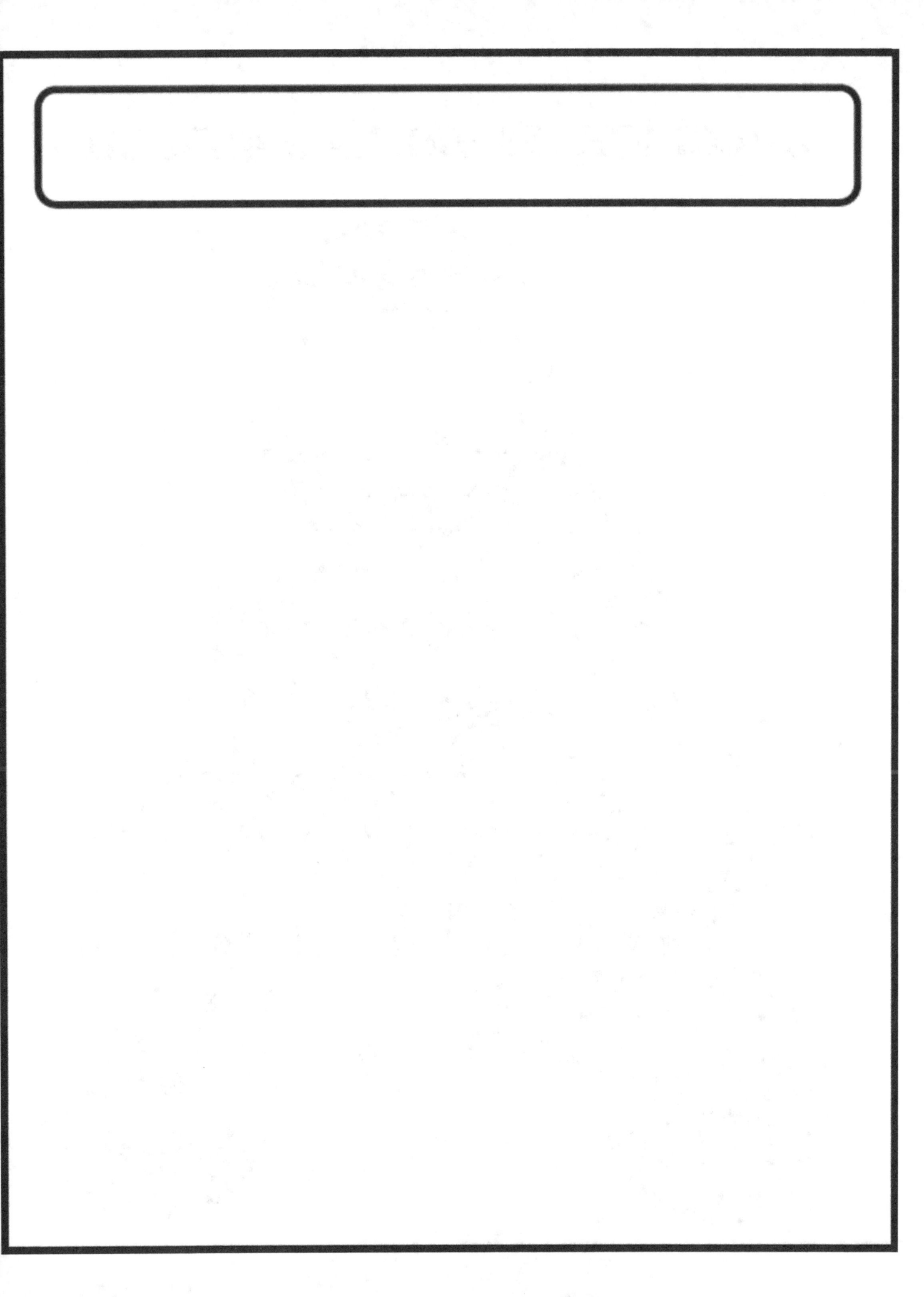

DRECKIGES FAHRRAD MALBUCH

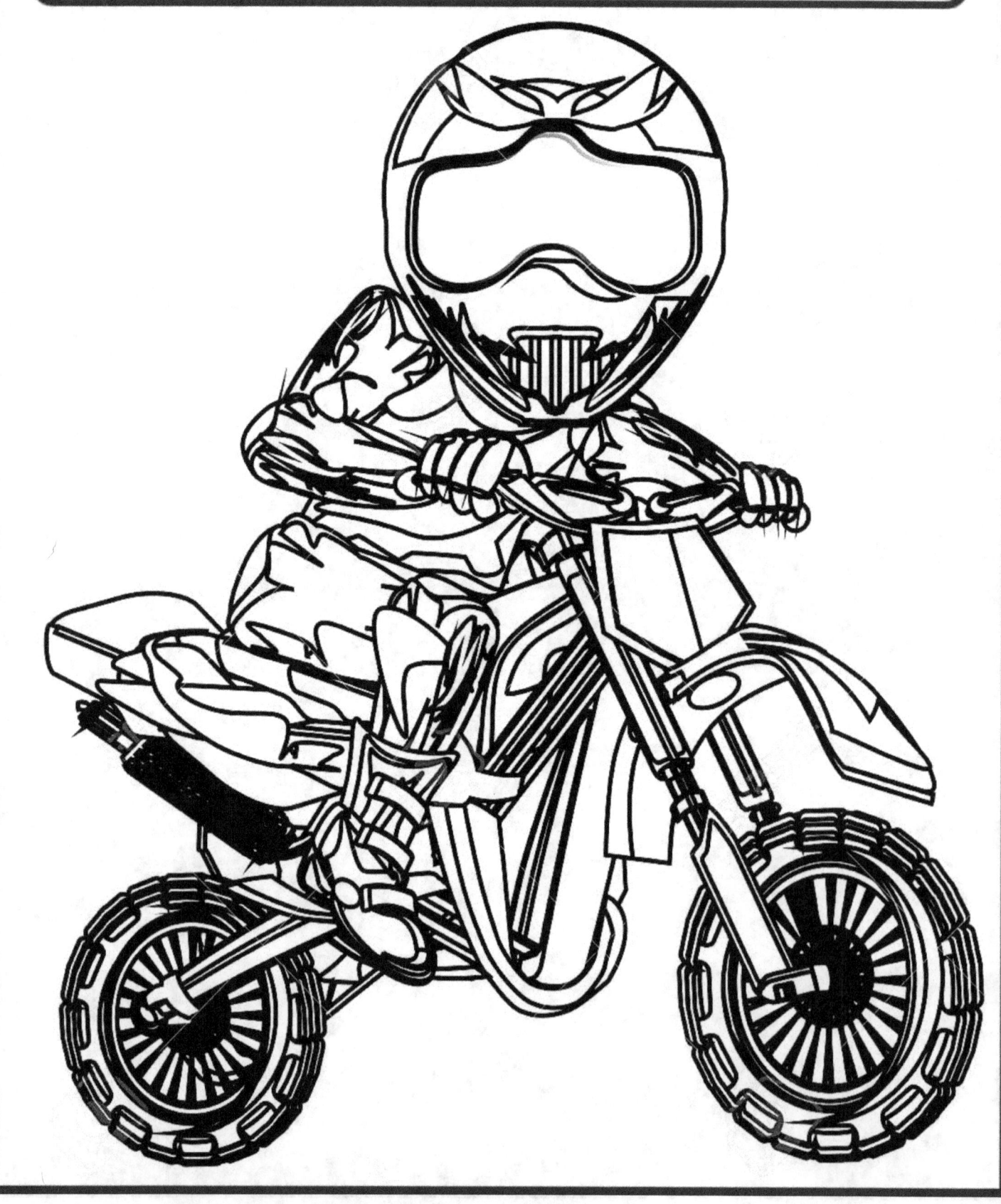

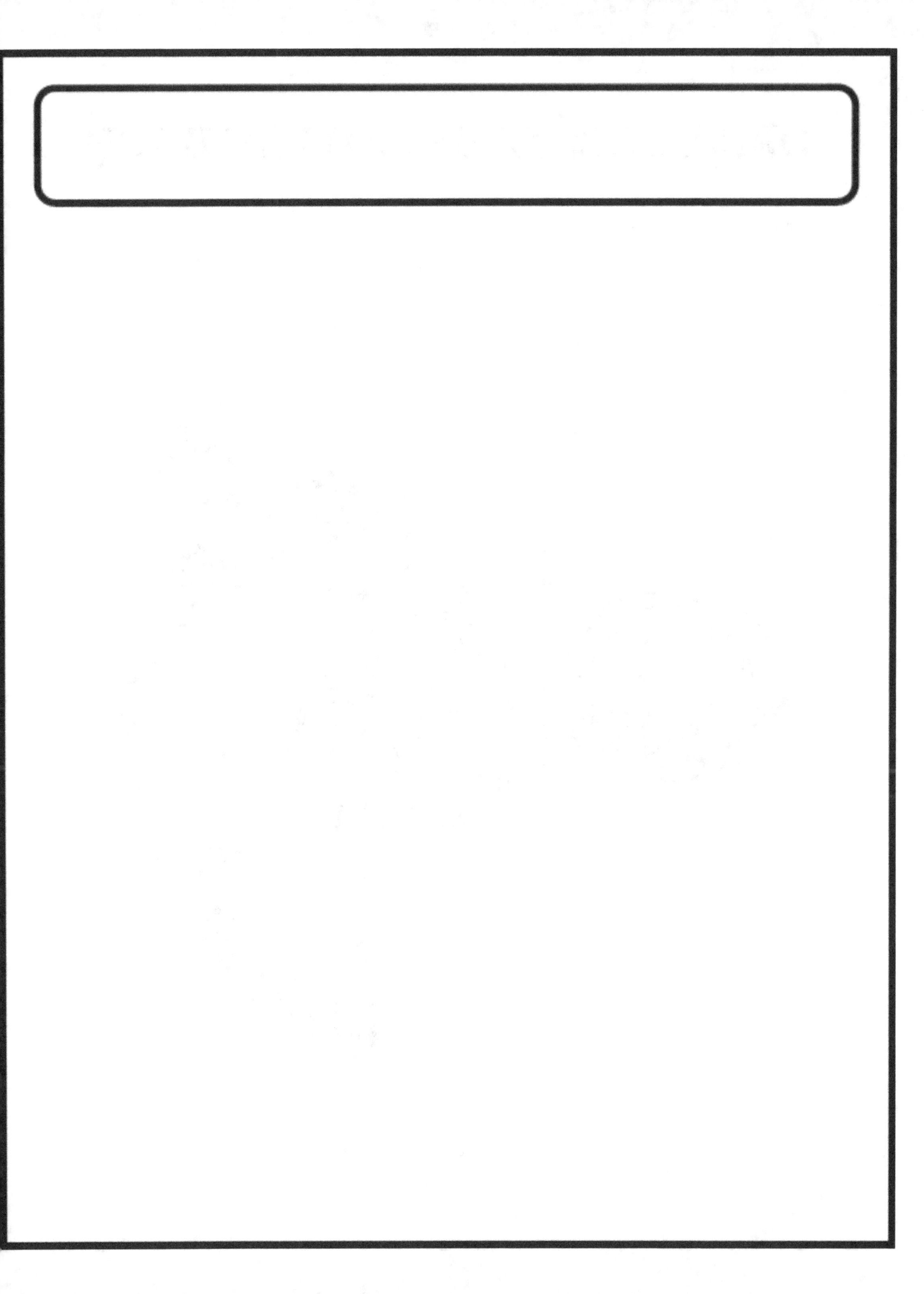

DRECKIGES FAHRRAD MALBUCH

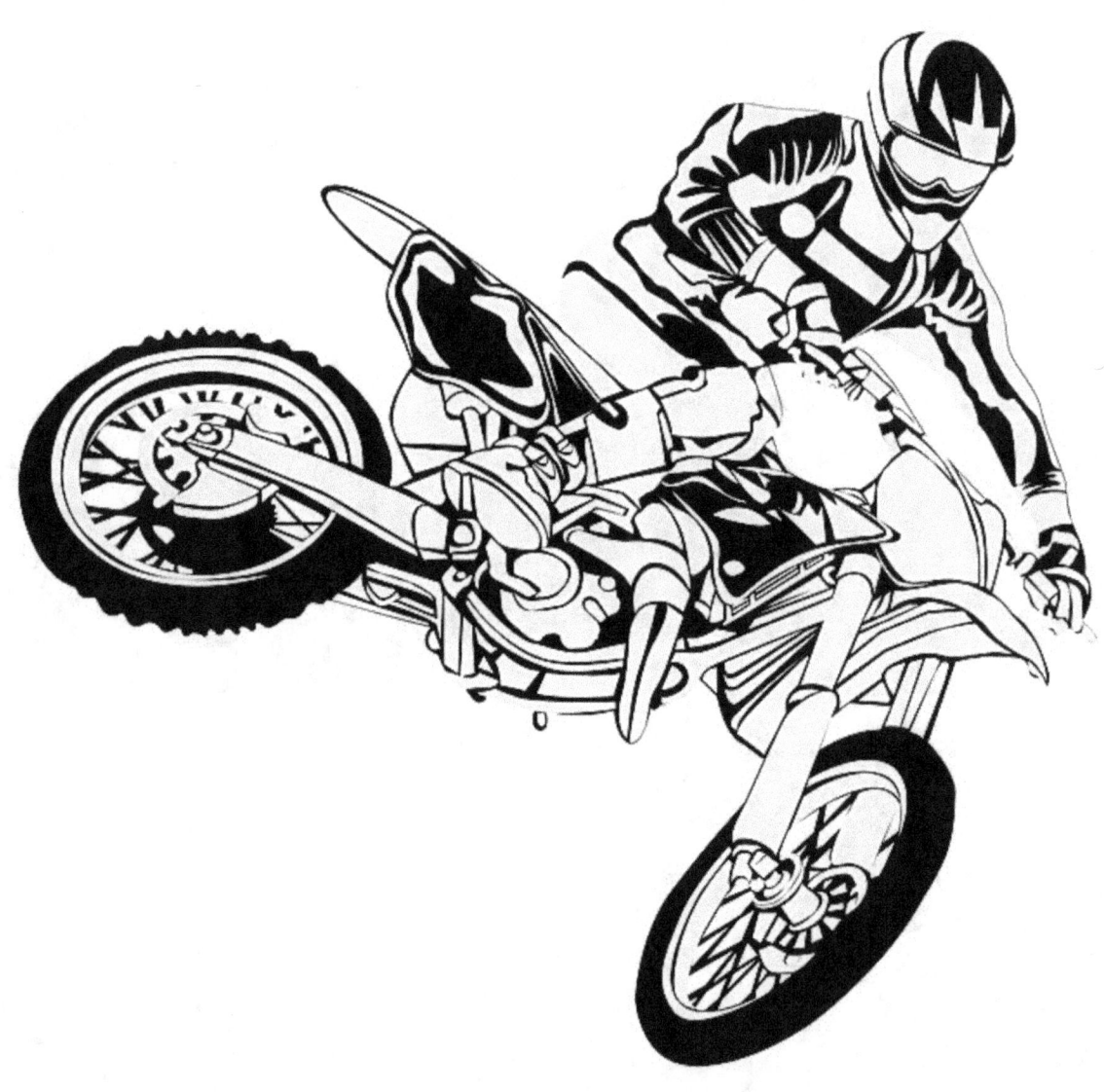

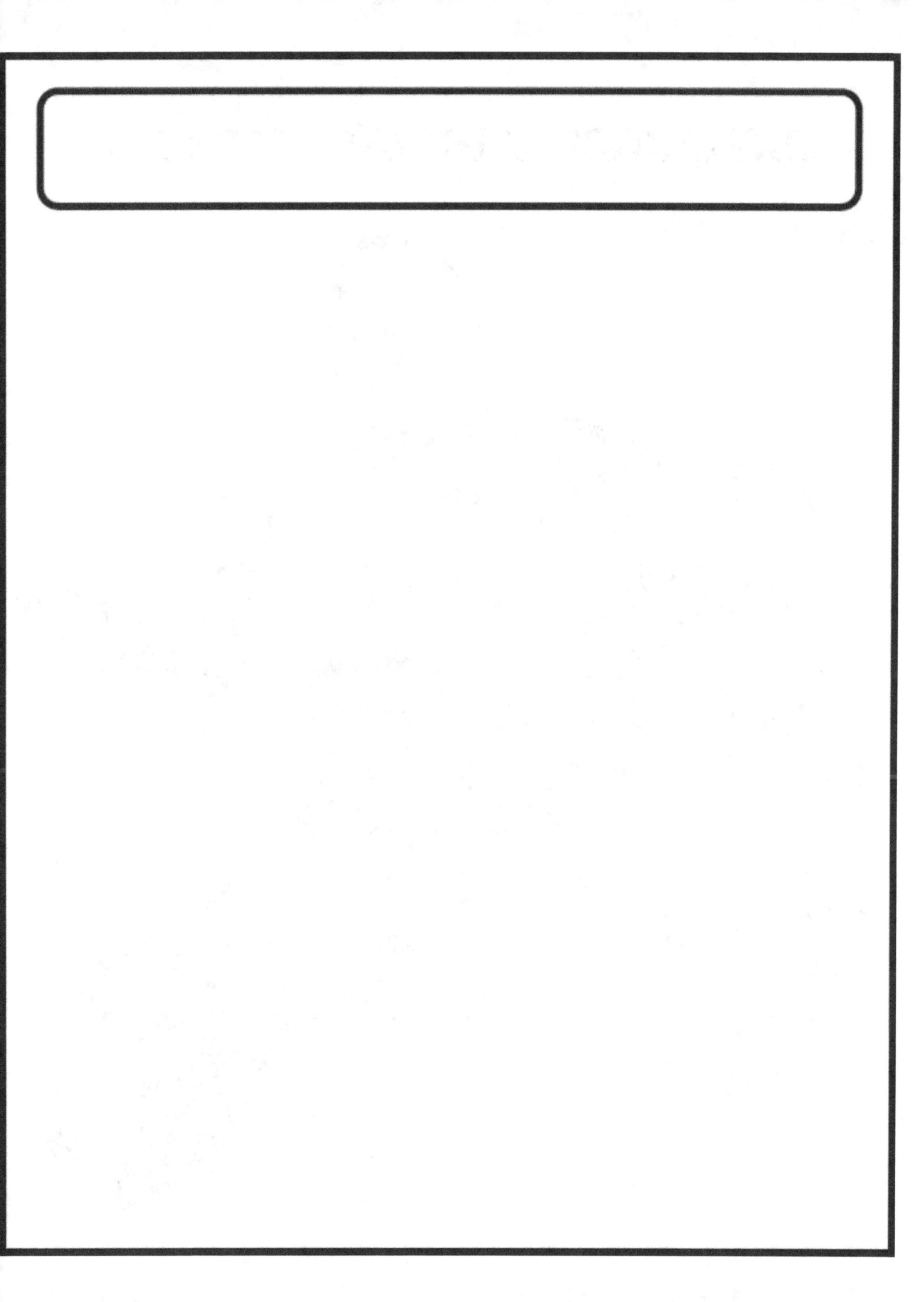

DRECKIGES FAHRRAD MALBUCH

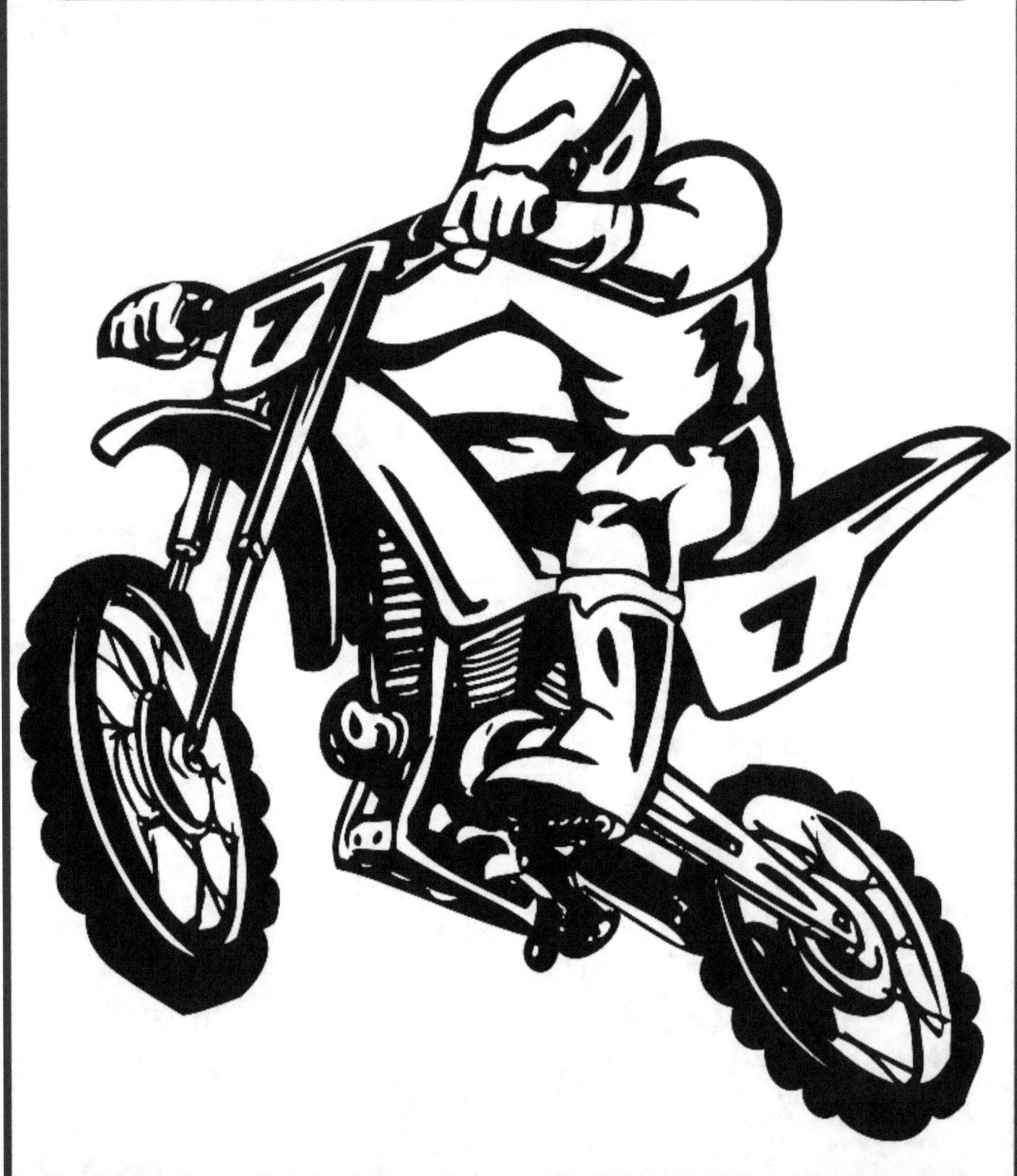

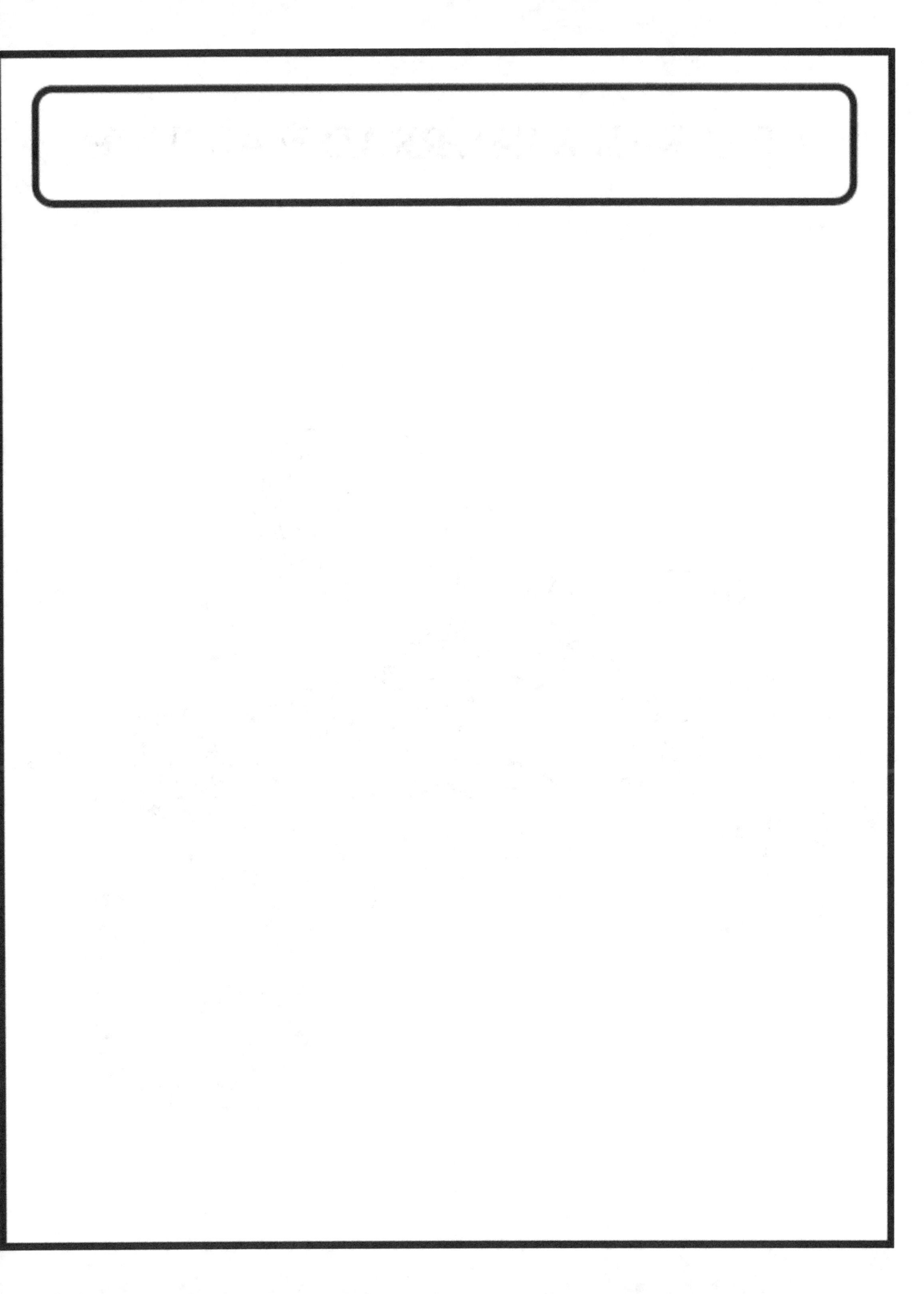

DRECKIGES FAHRRAD MALBUCH

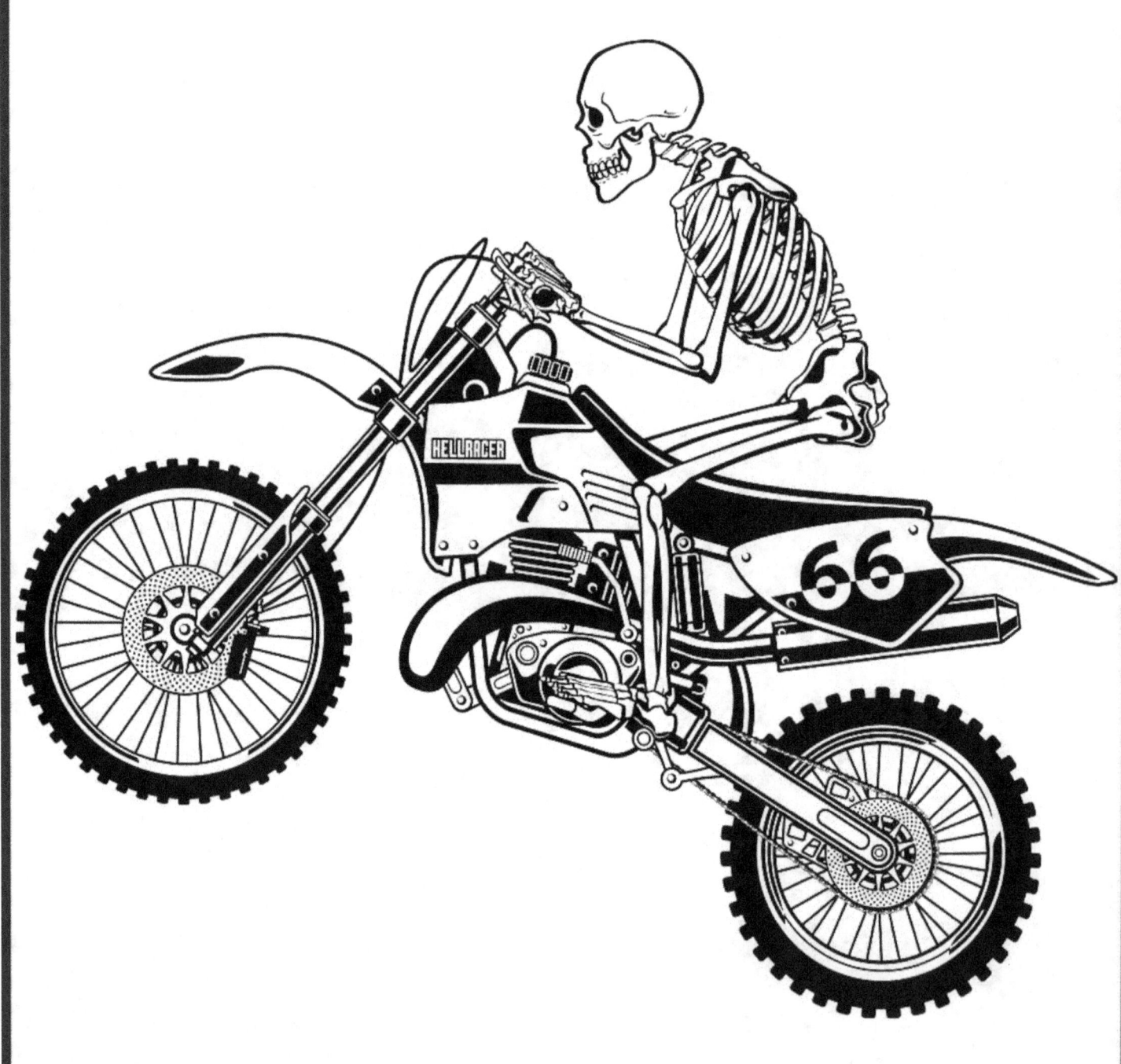

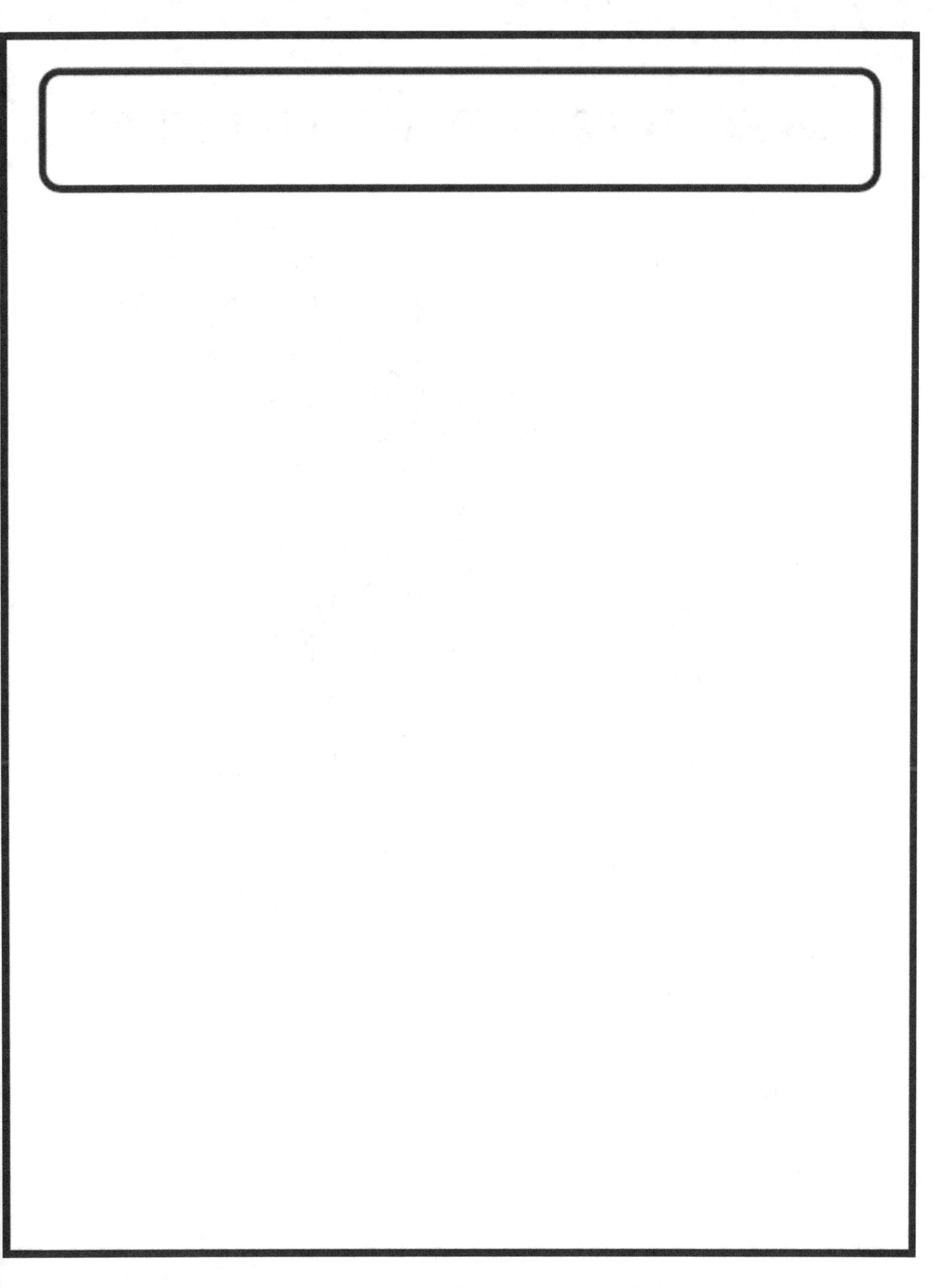

DRECKIGES FAHRRAD MALBUCH

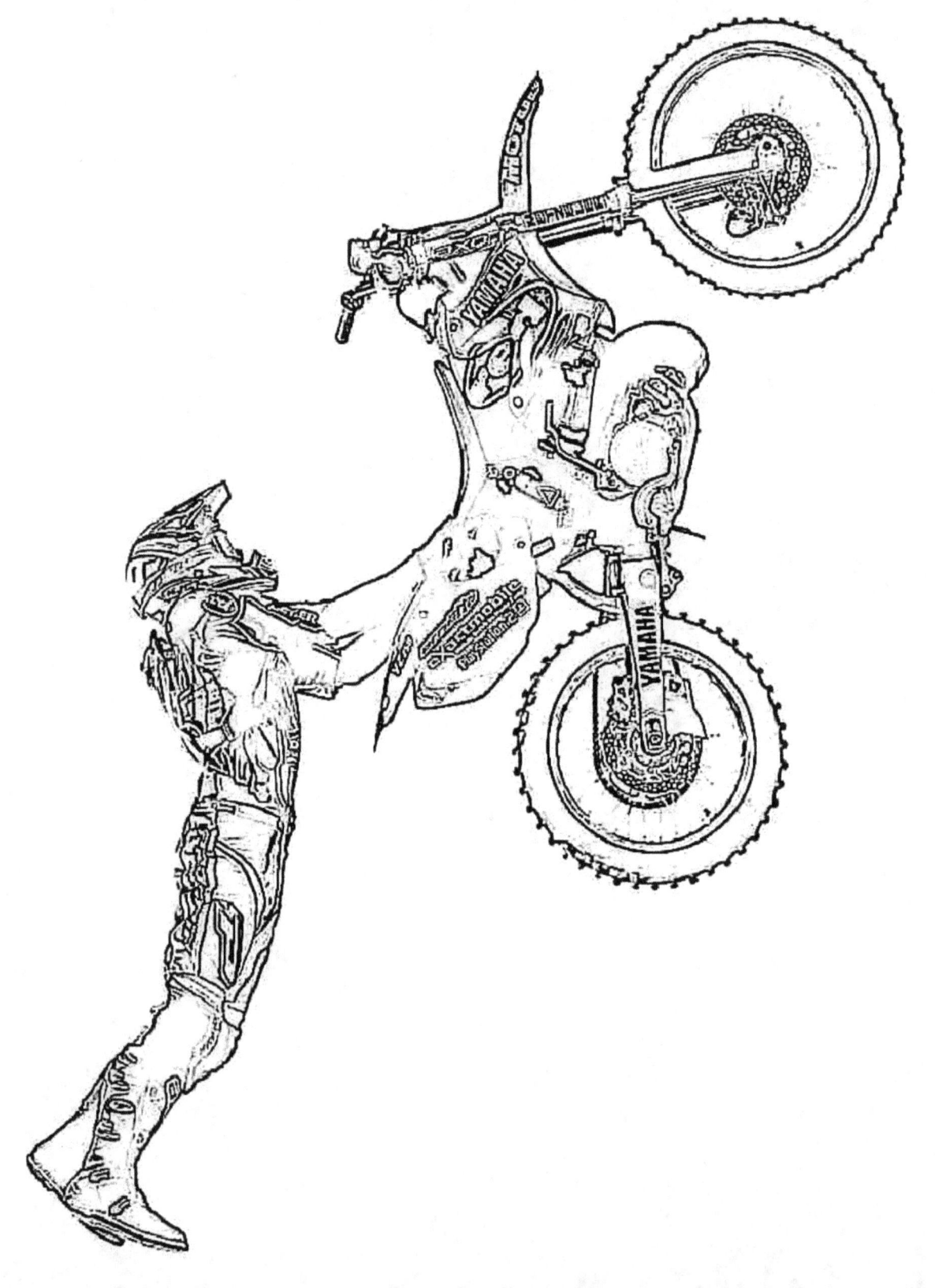

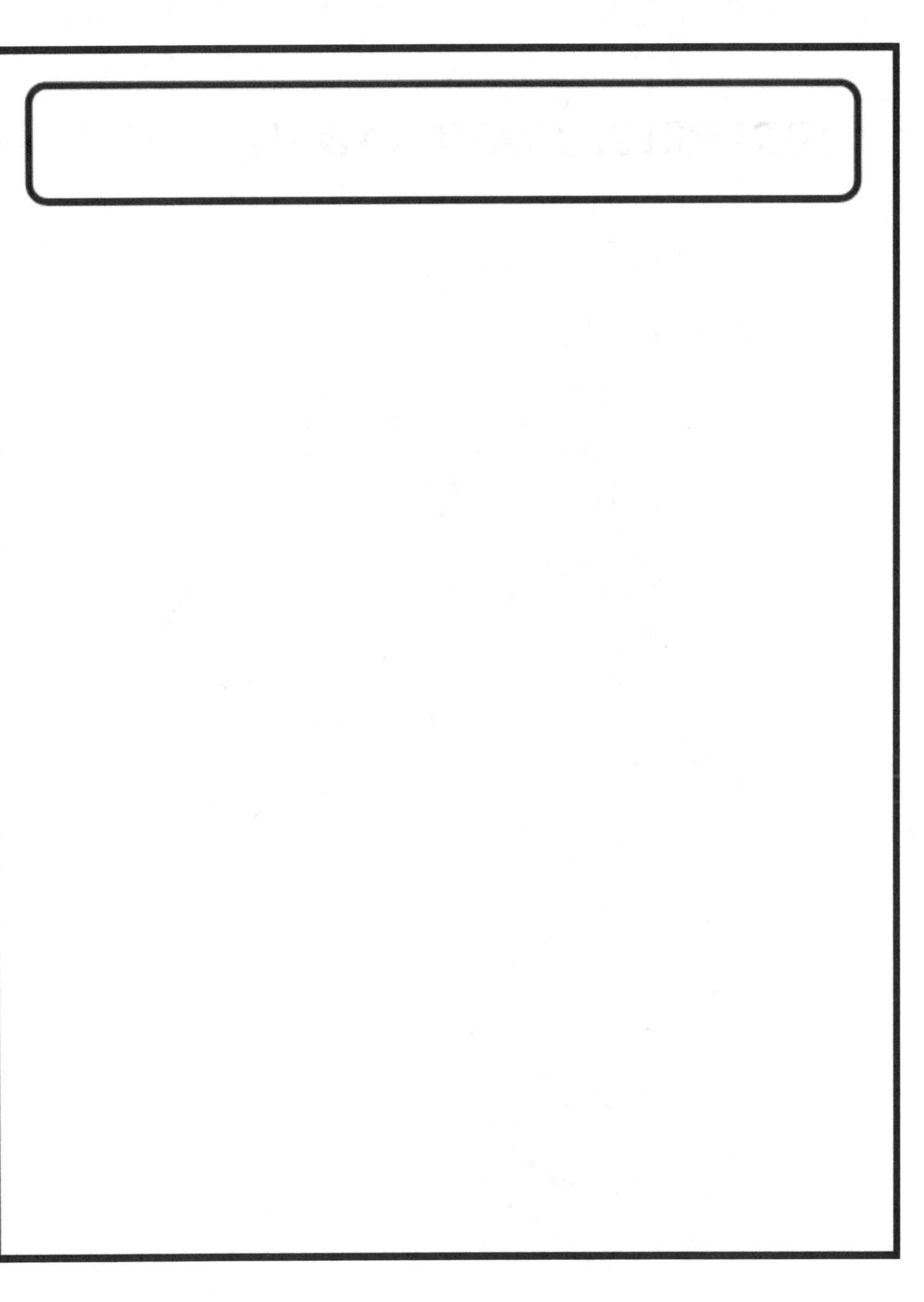

DRECKIGES FAHRRAD MALBUCH

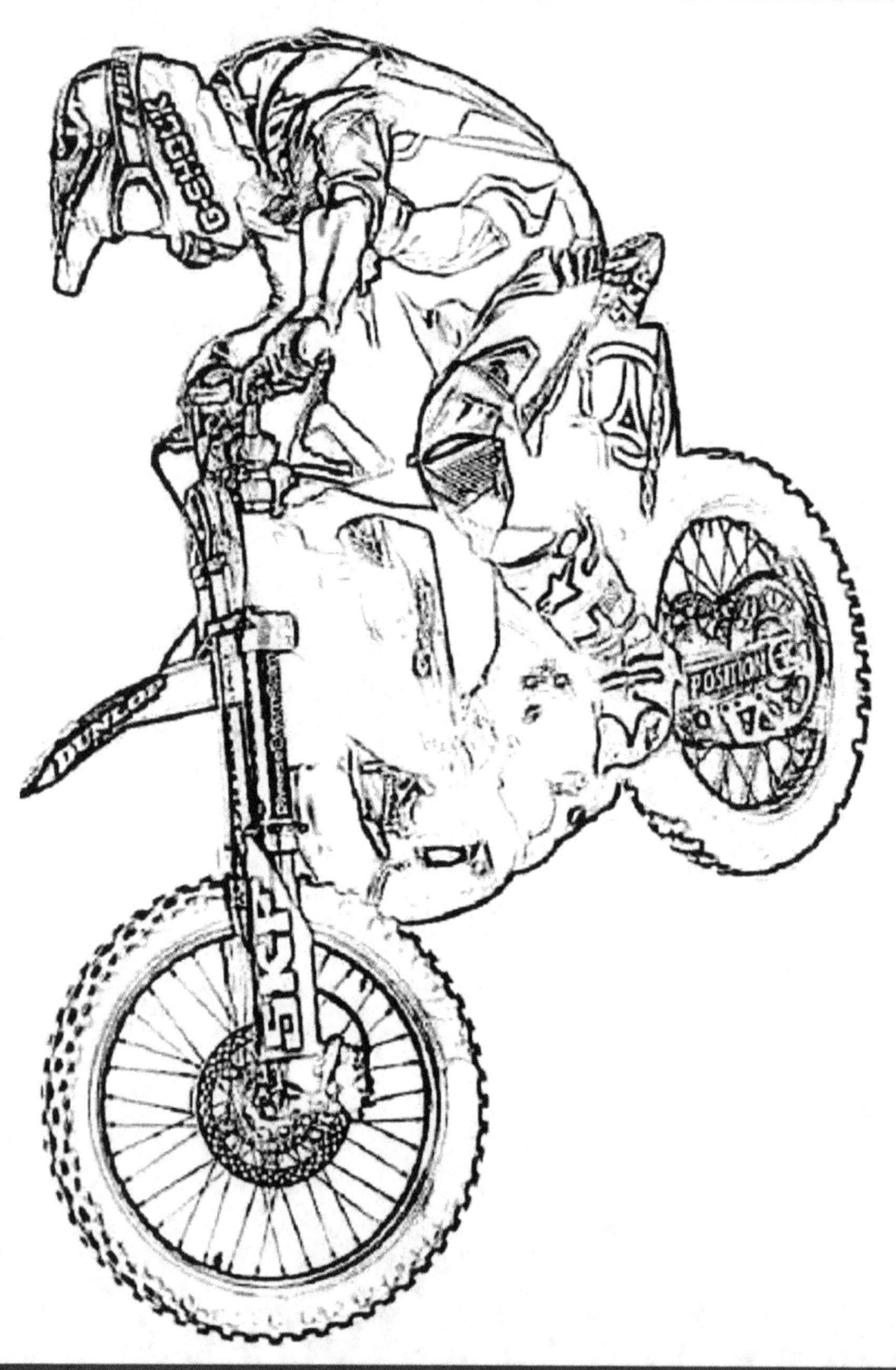

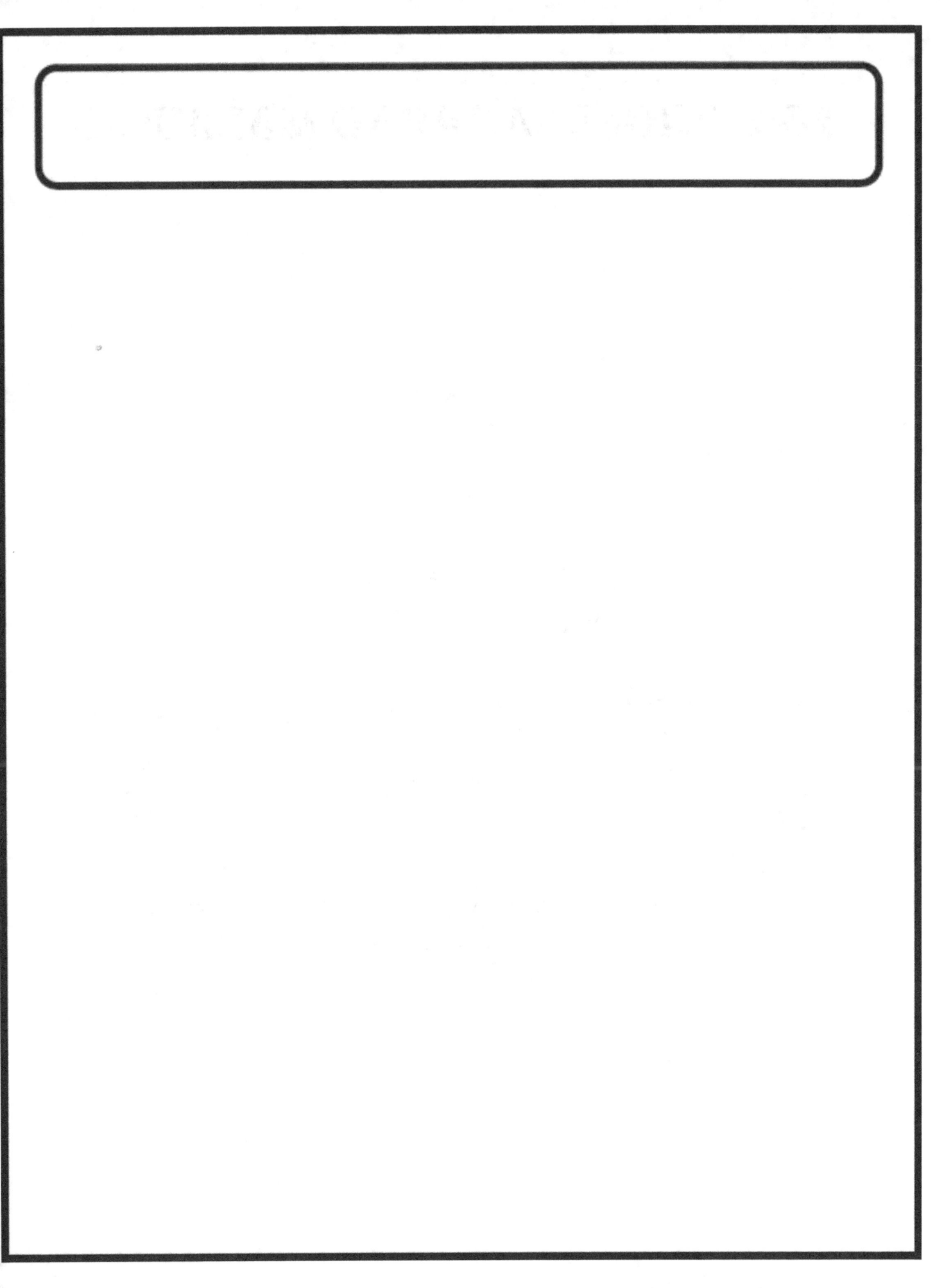

DRECKIGES FAHRRAD MALBUCH

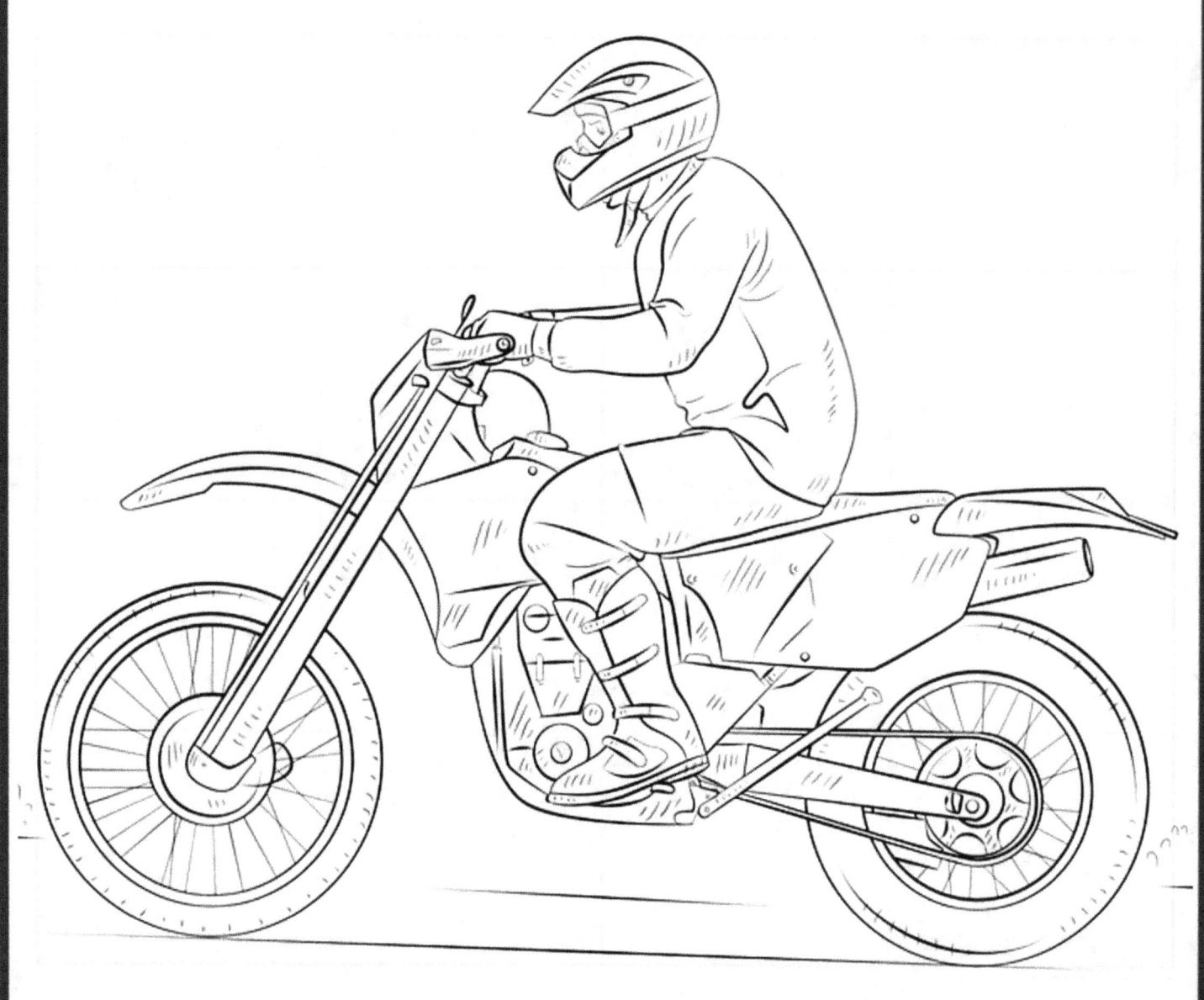

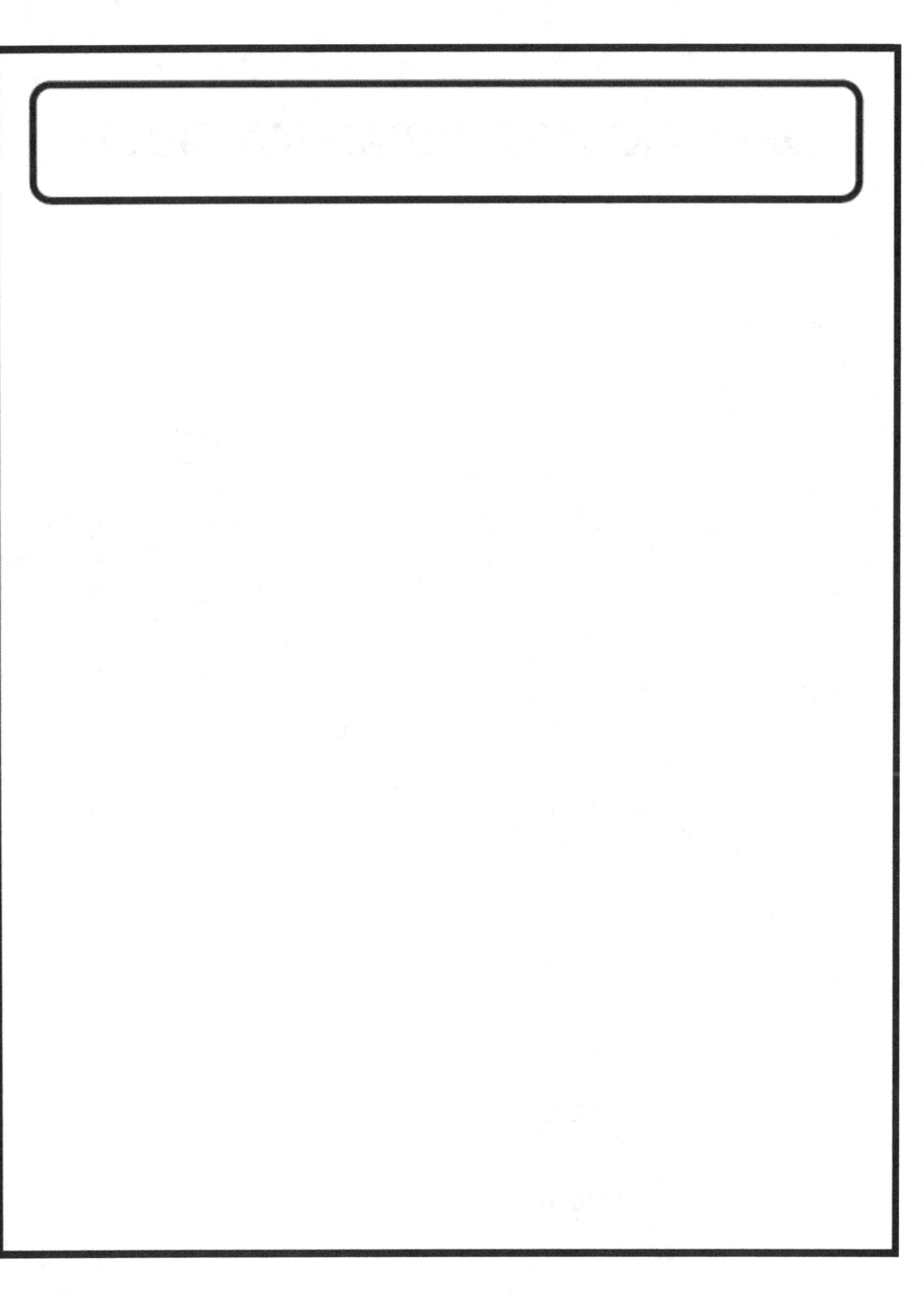

DRECKIGES FAHRRAD MALBUCH

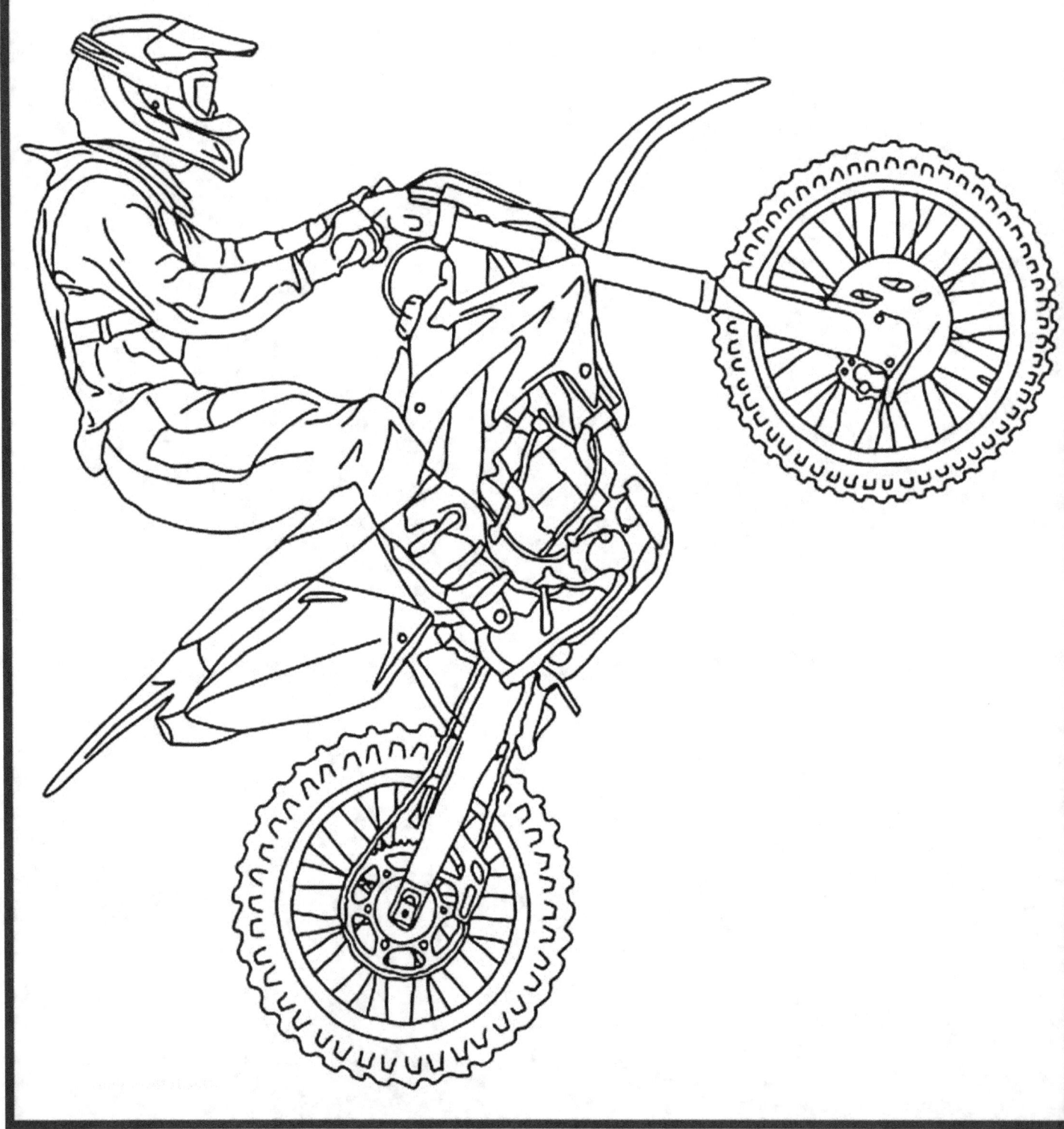

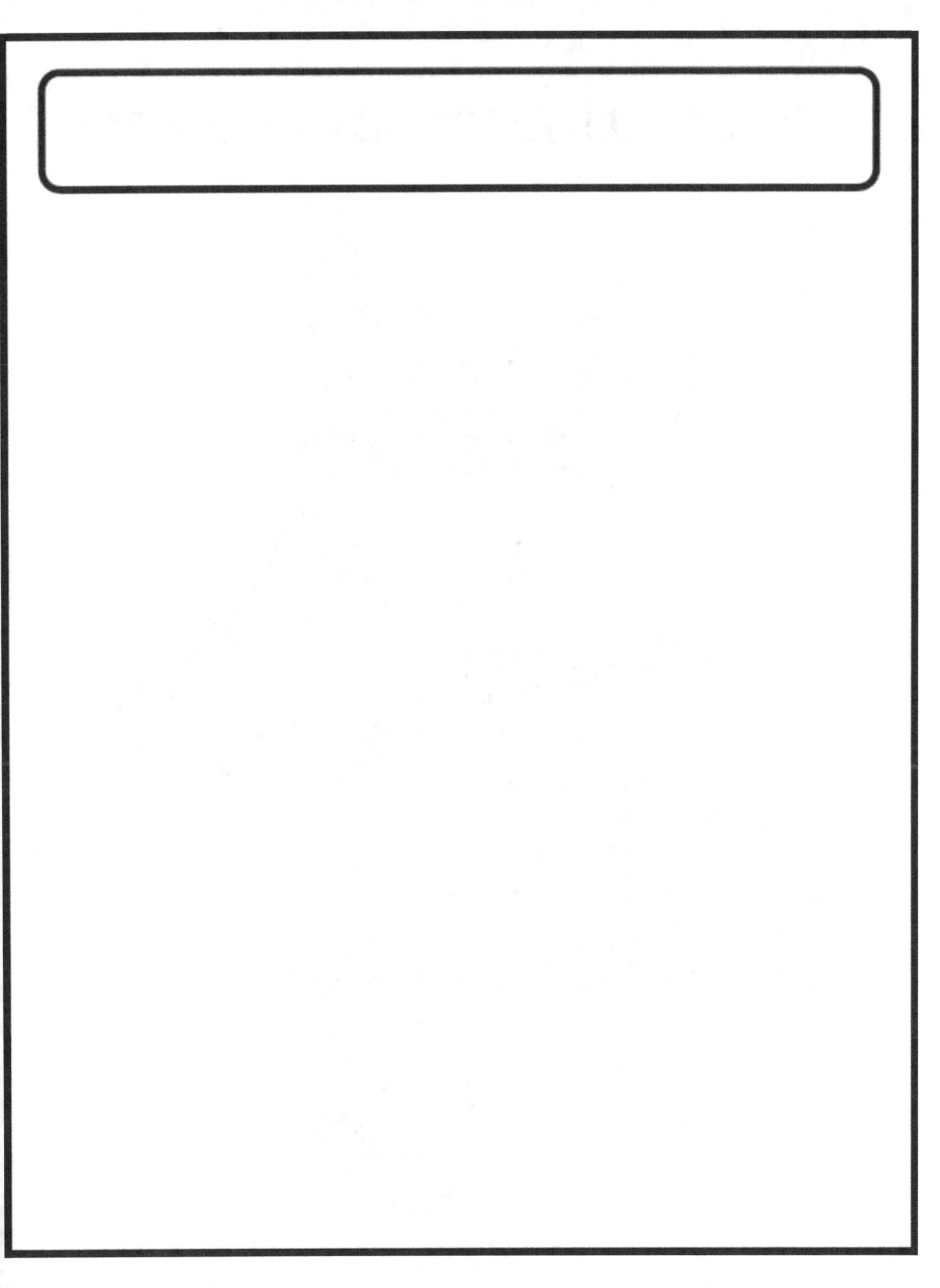

DRECKIGES FAHRRAD MALBUCH

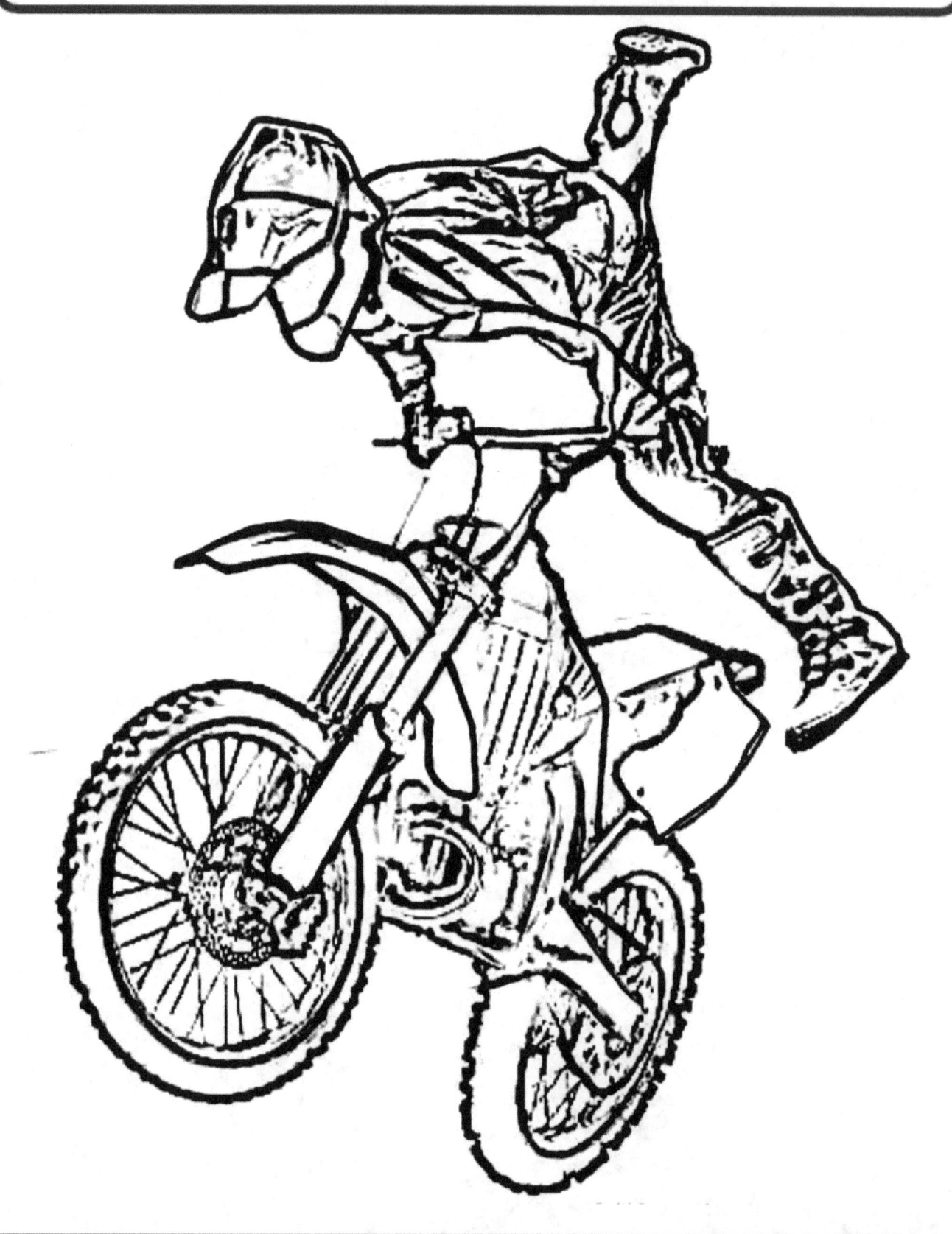

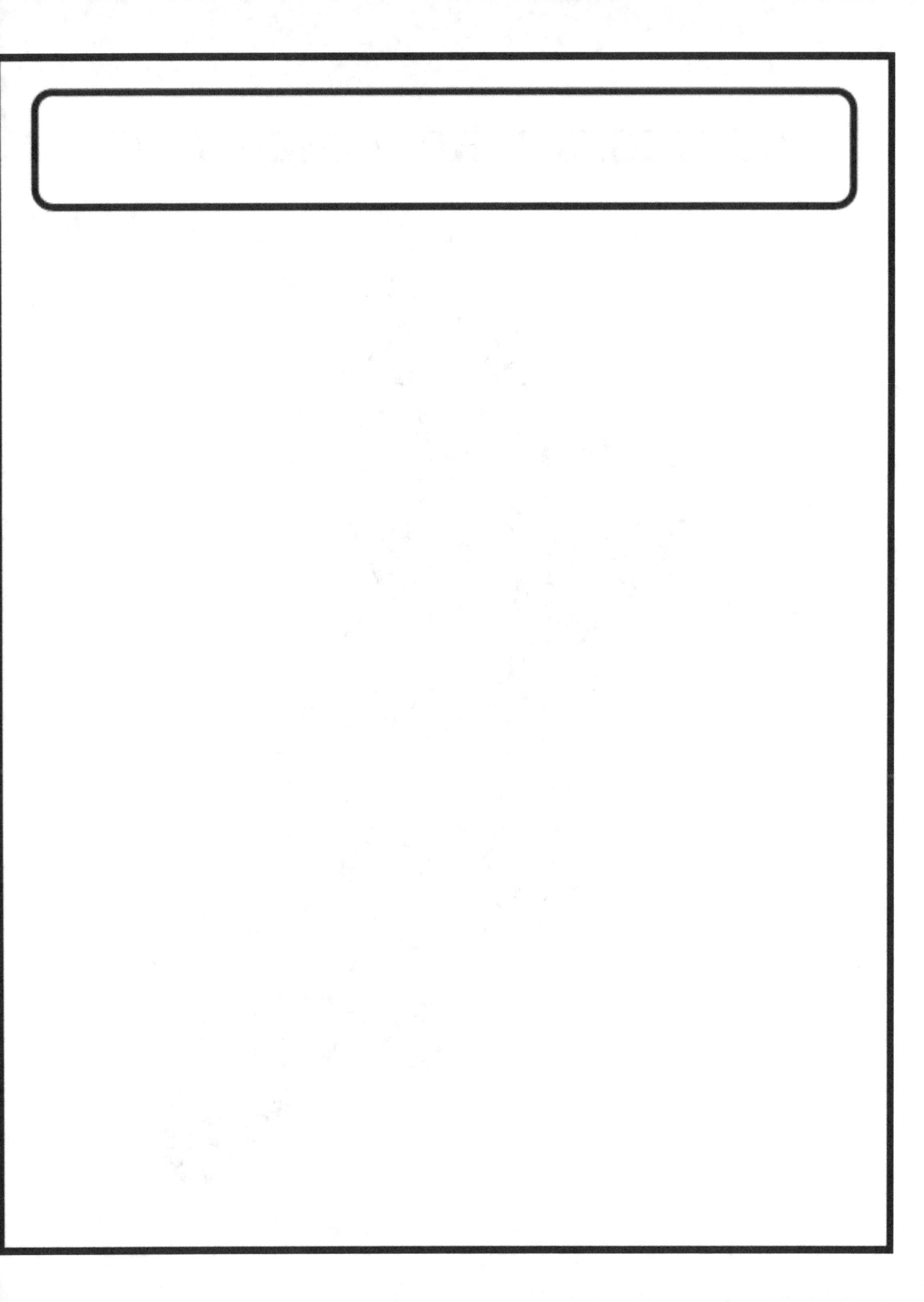

DRECKIGES FAHRRAD MALBUCH

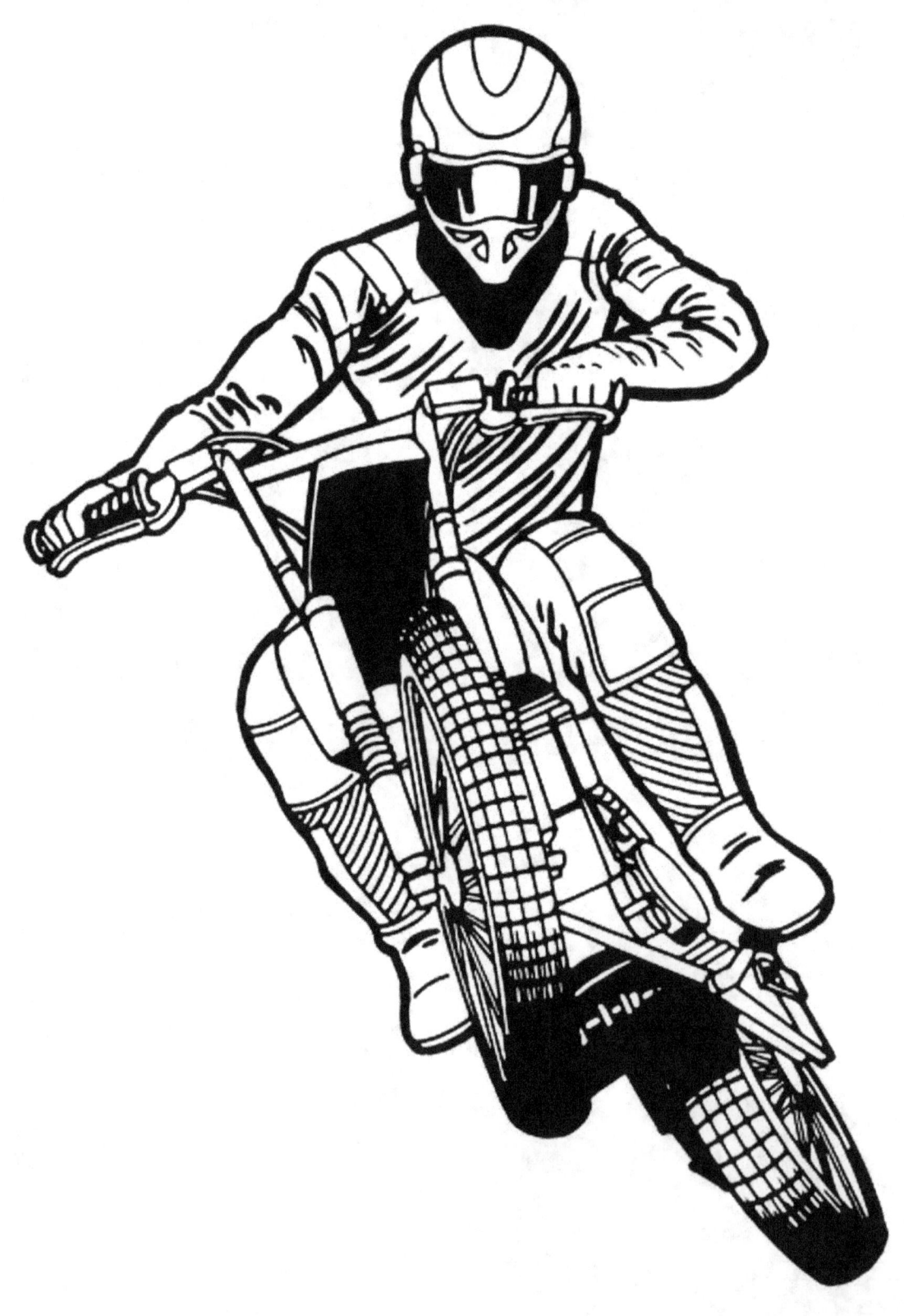

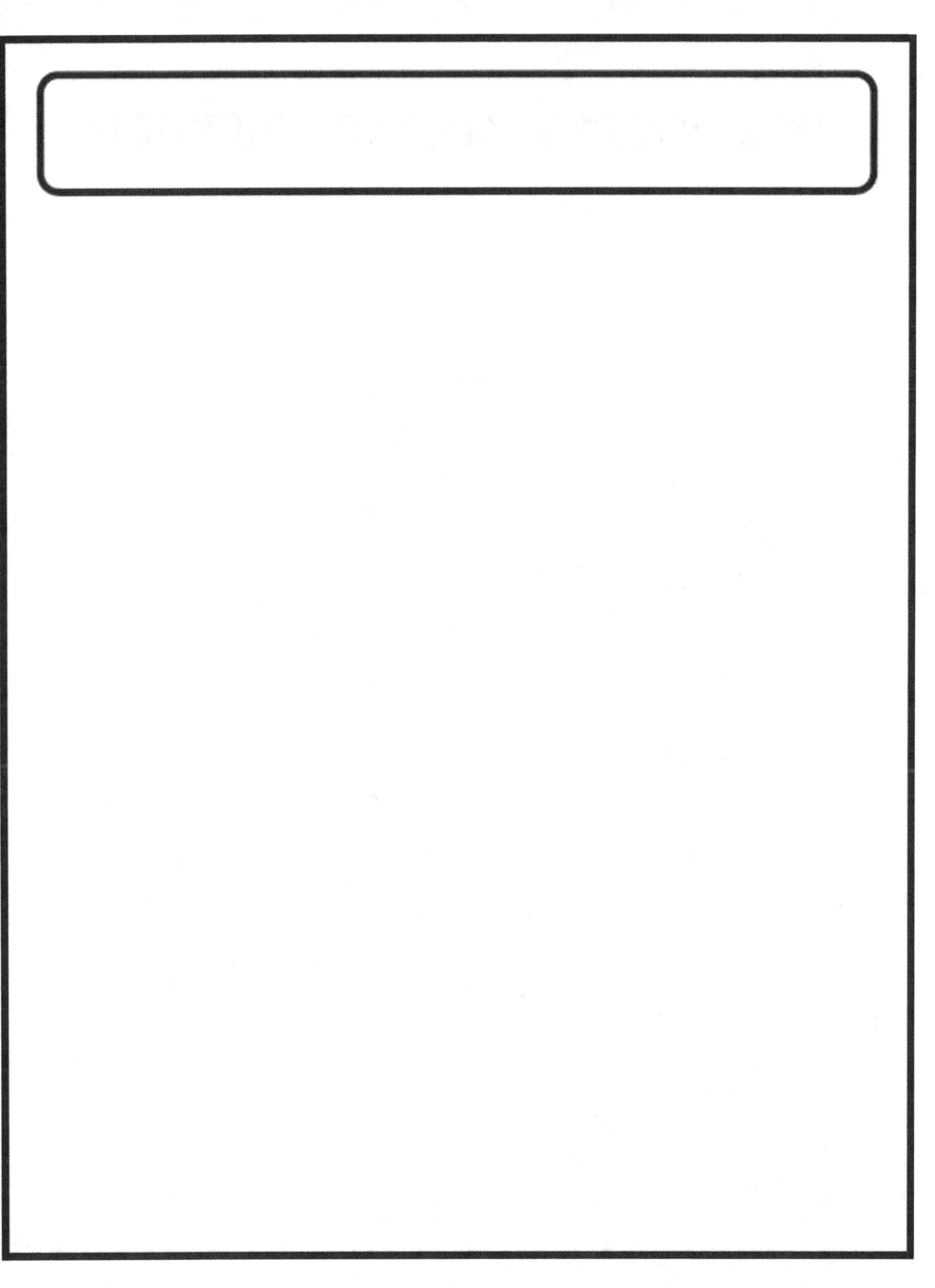

DRECKIGES FAHRRAD MALBUCH

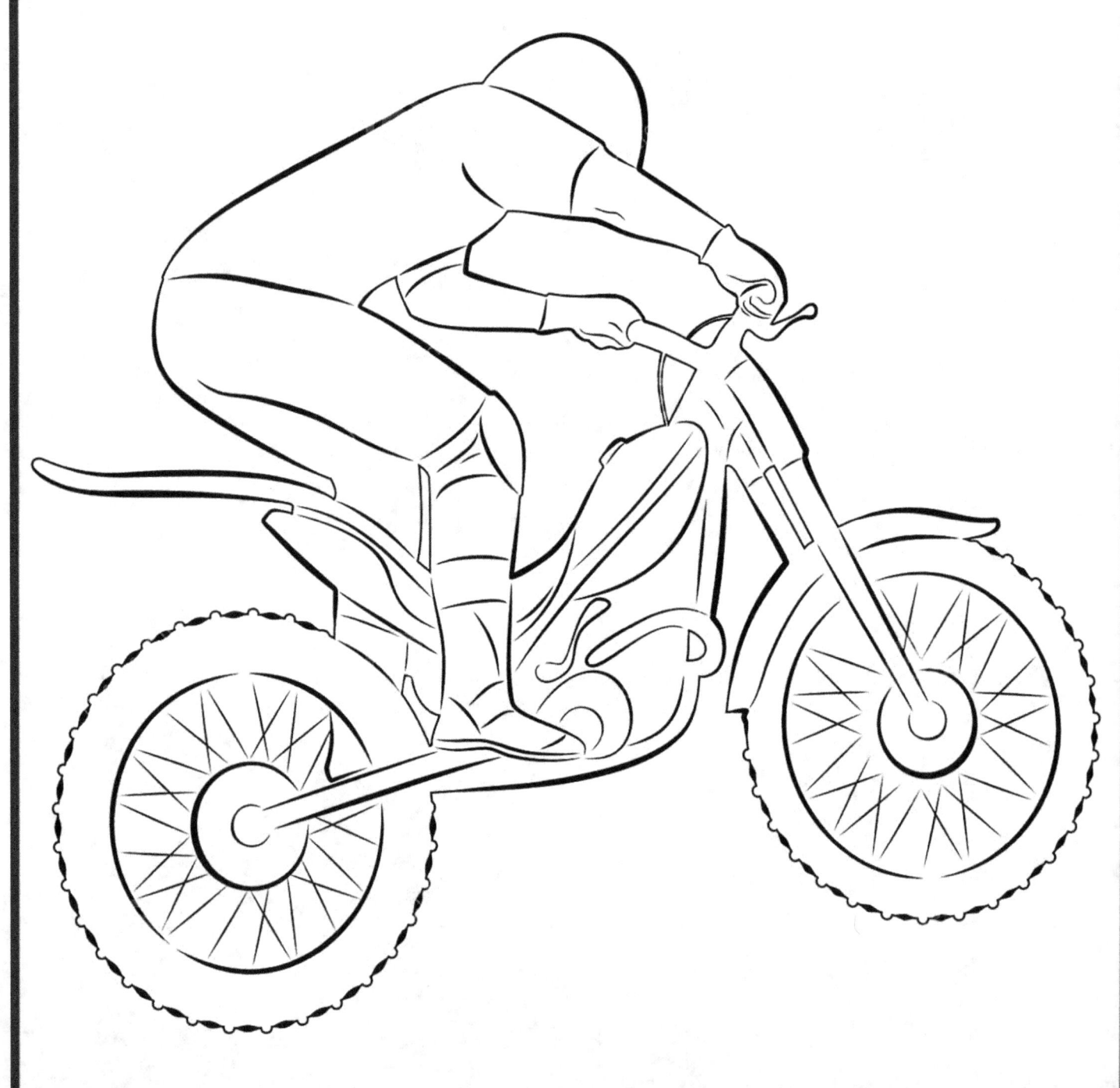

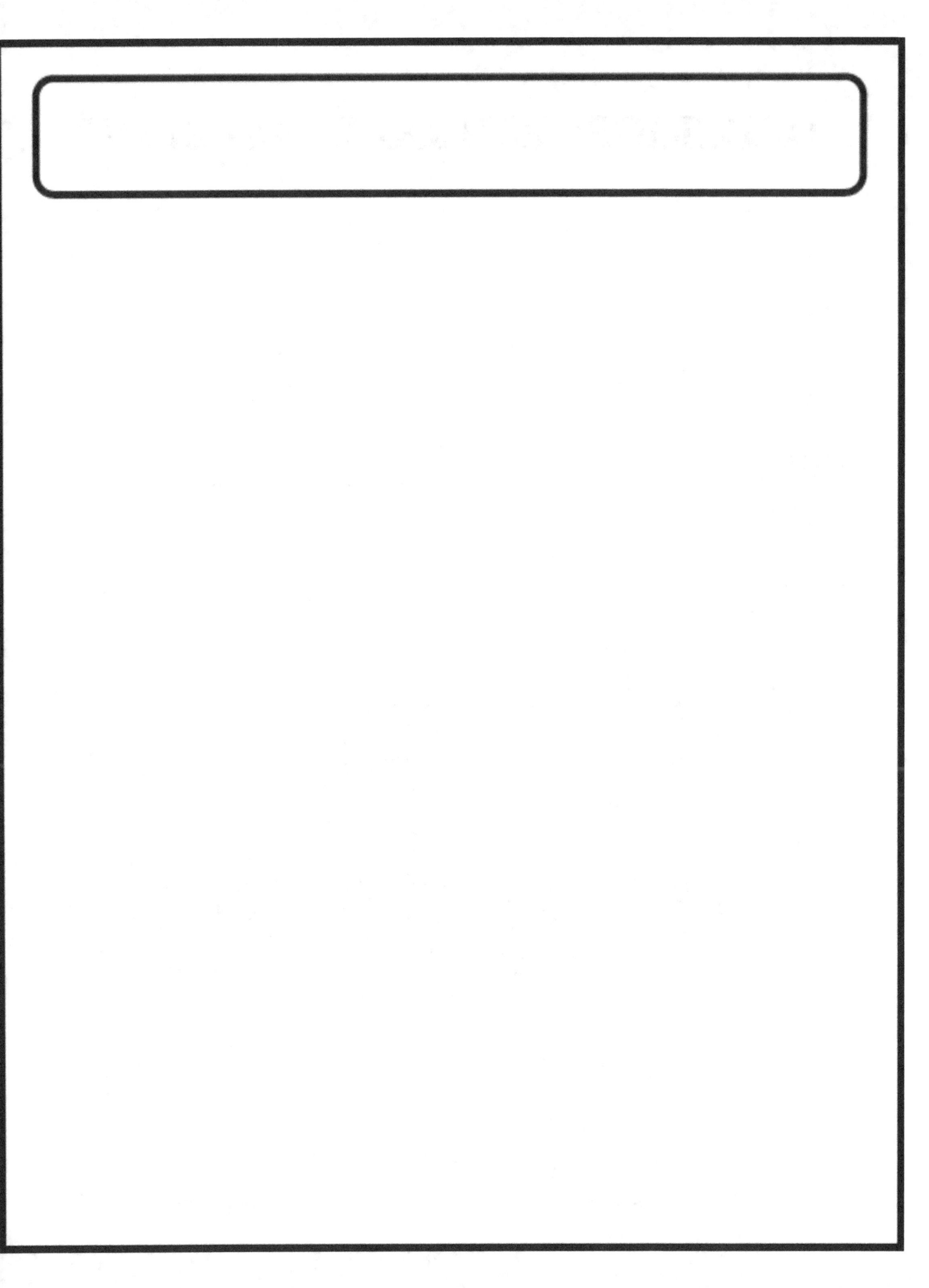

DRECKIGES FAHRRAD MALBUCH

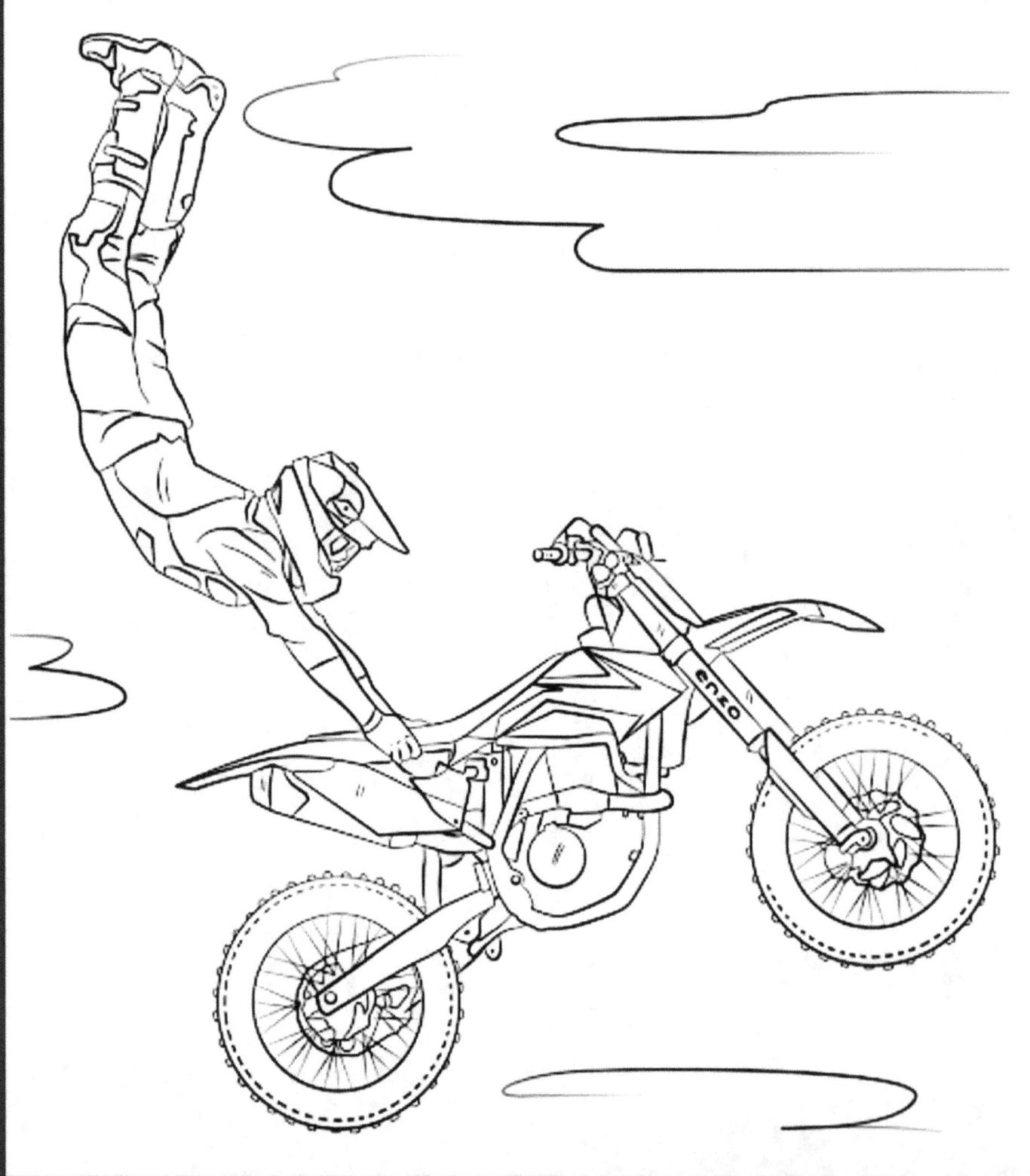

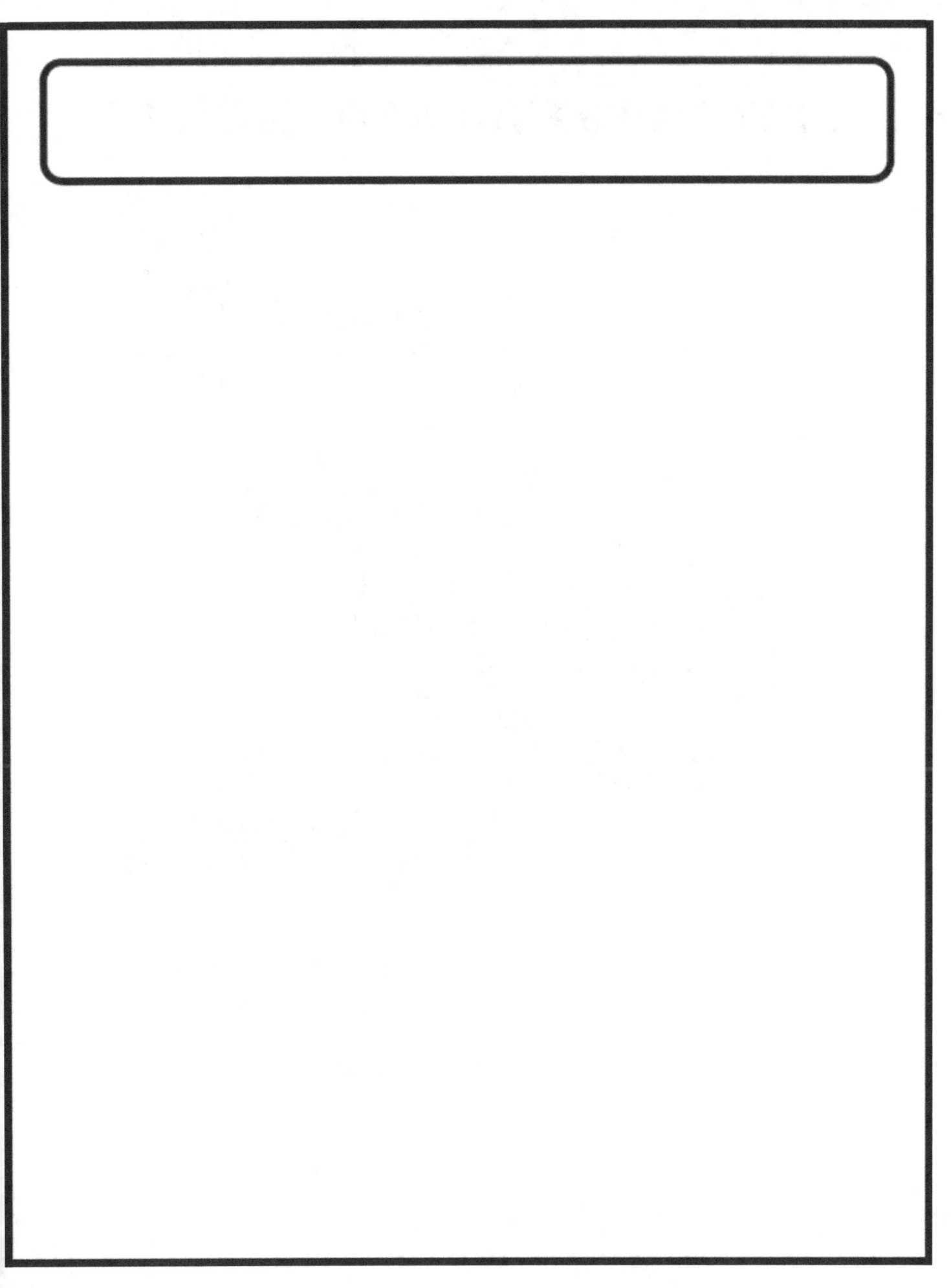

DRECKIGES FAHRRAD MALBUCH

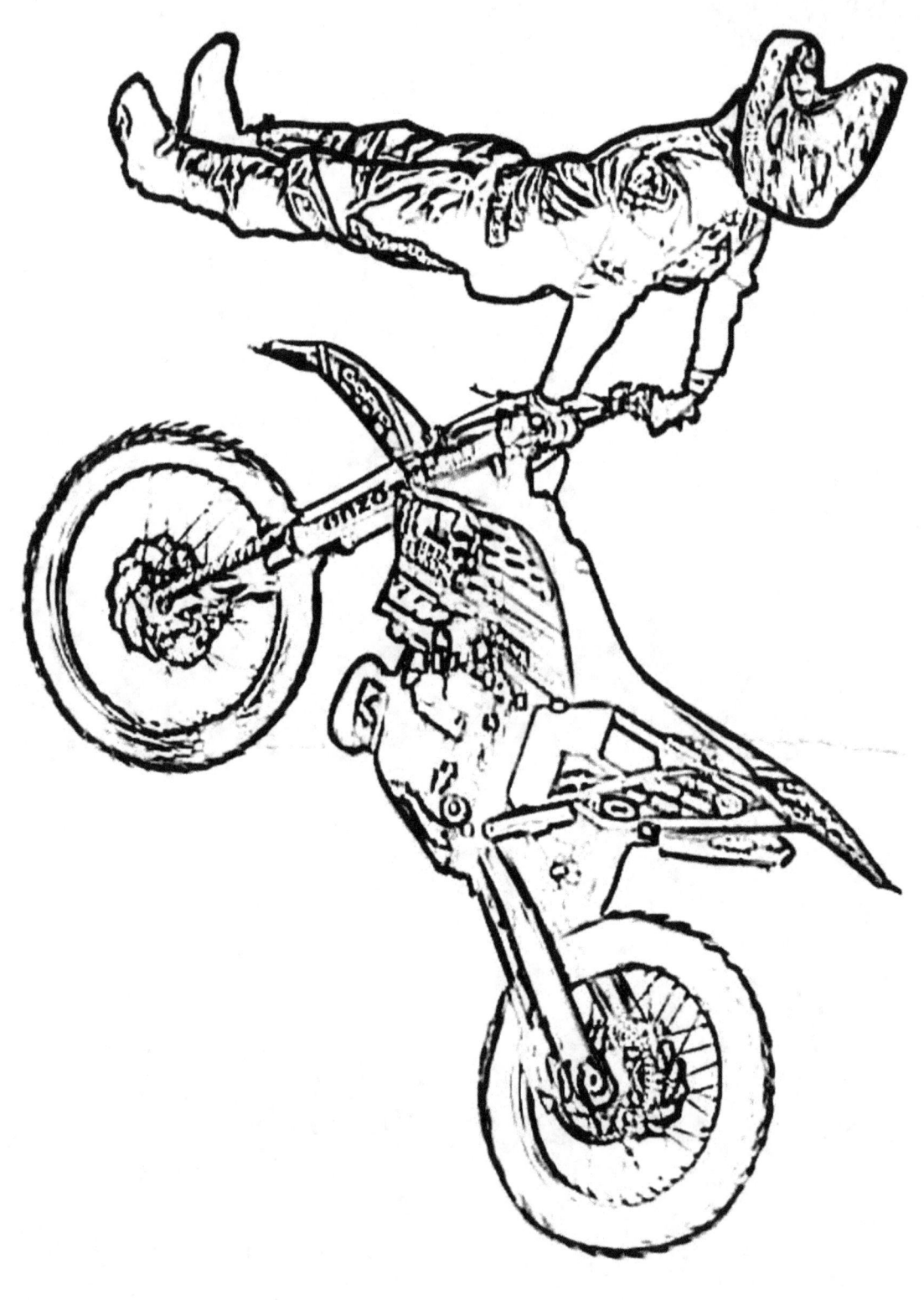

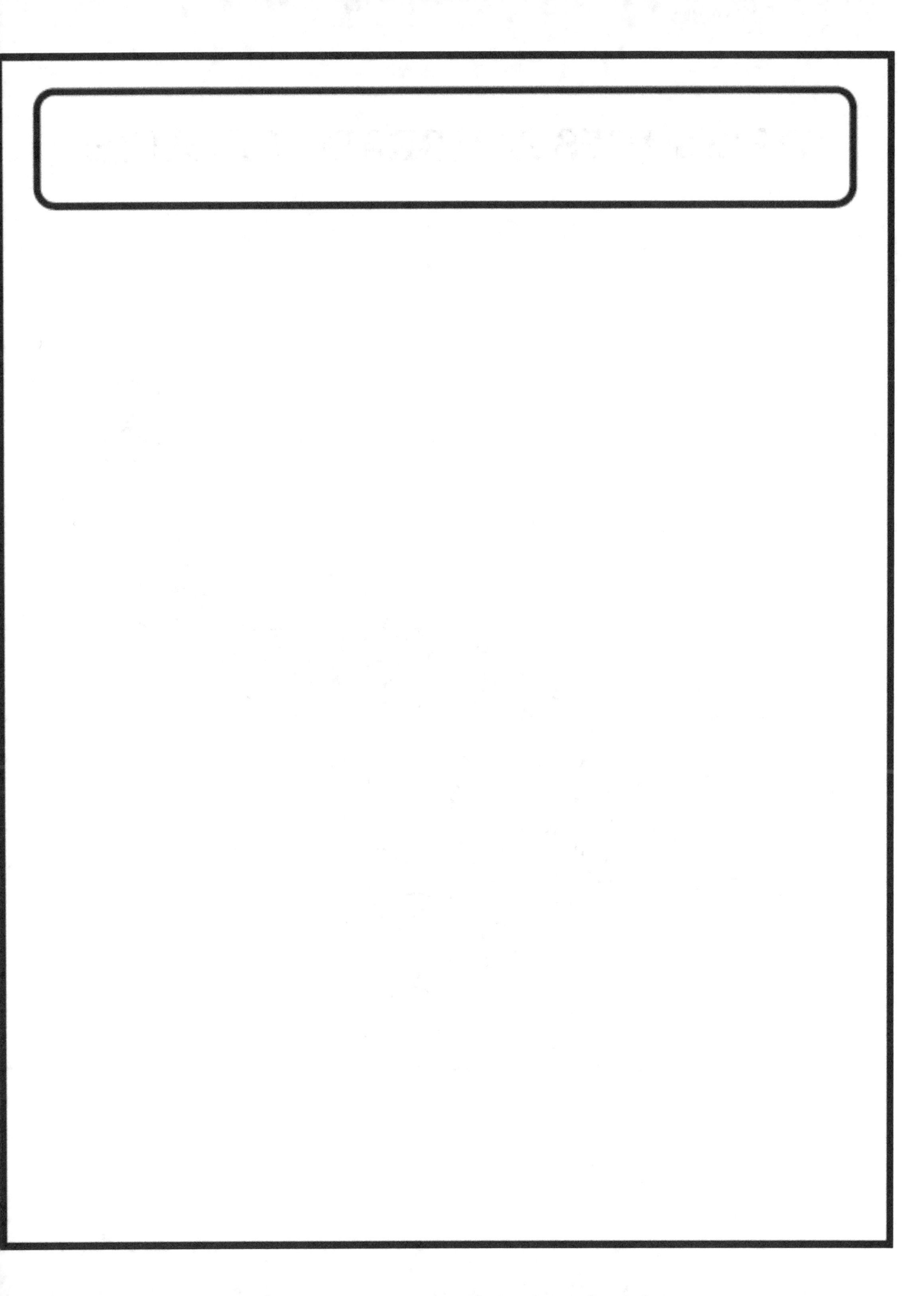

DRECKIGES FAHRRAD MALBUCH

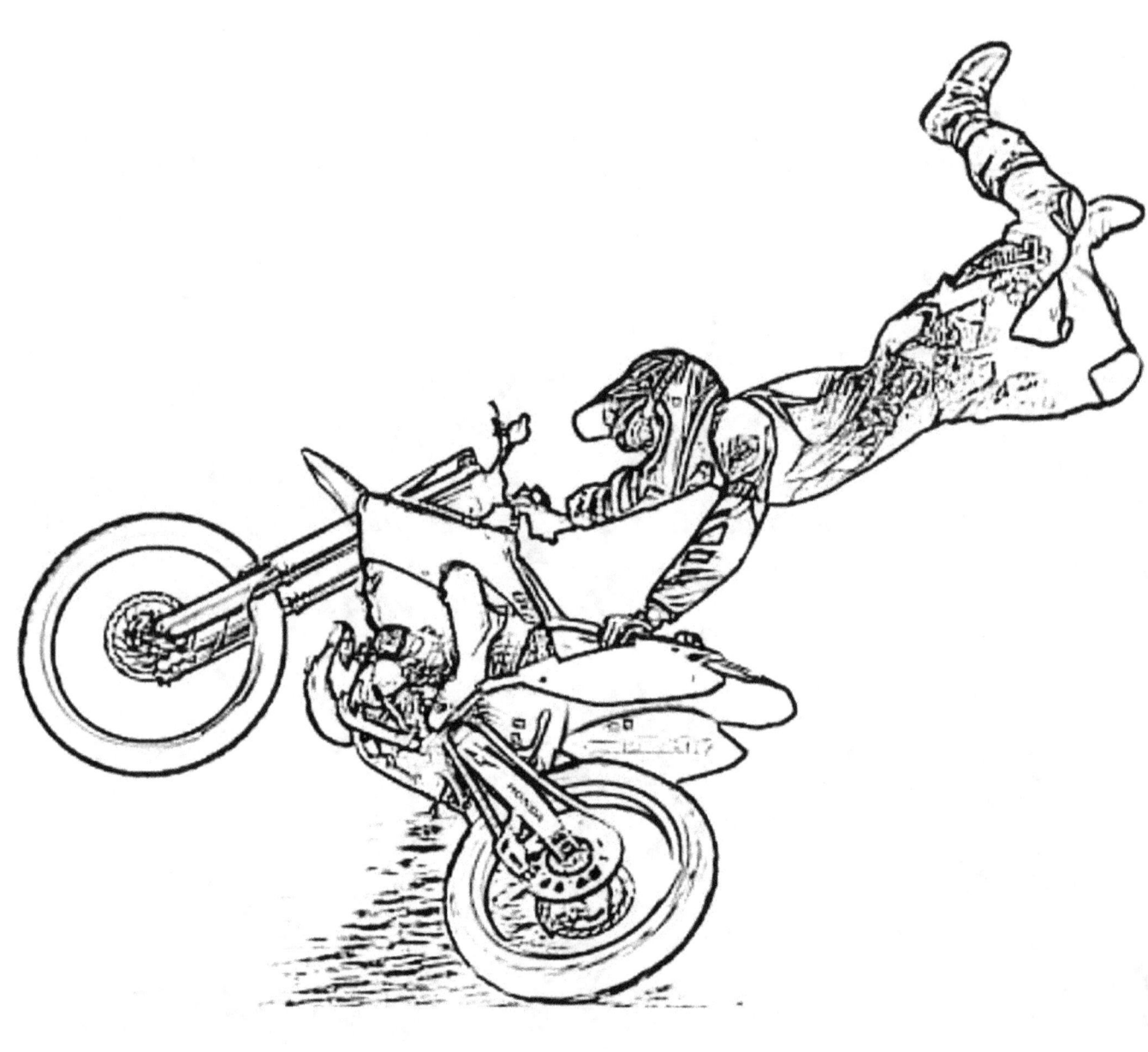

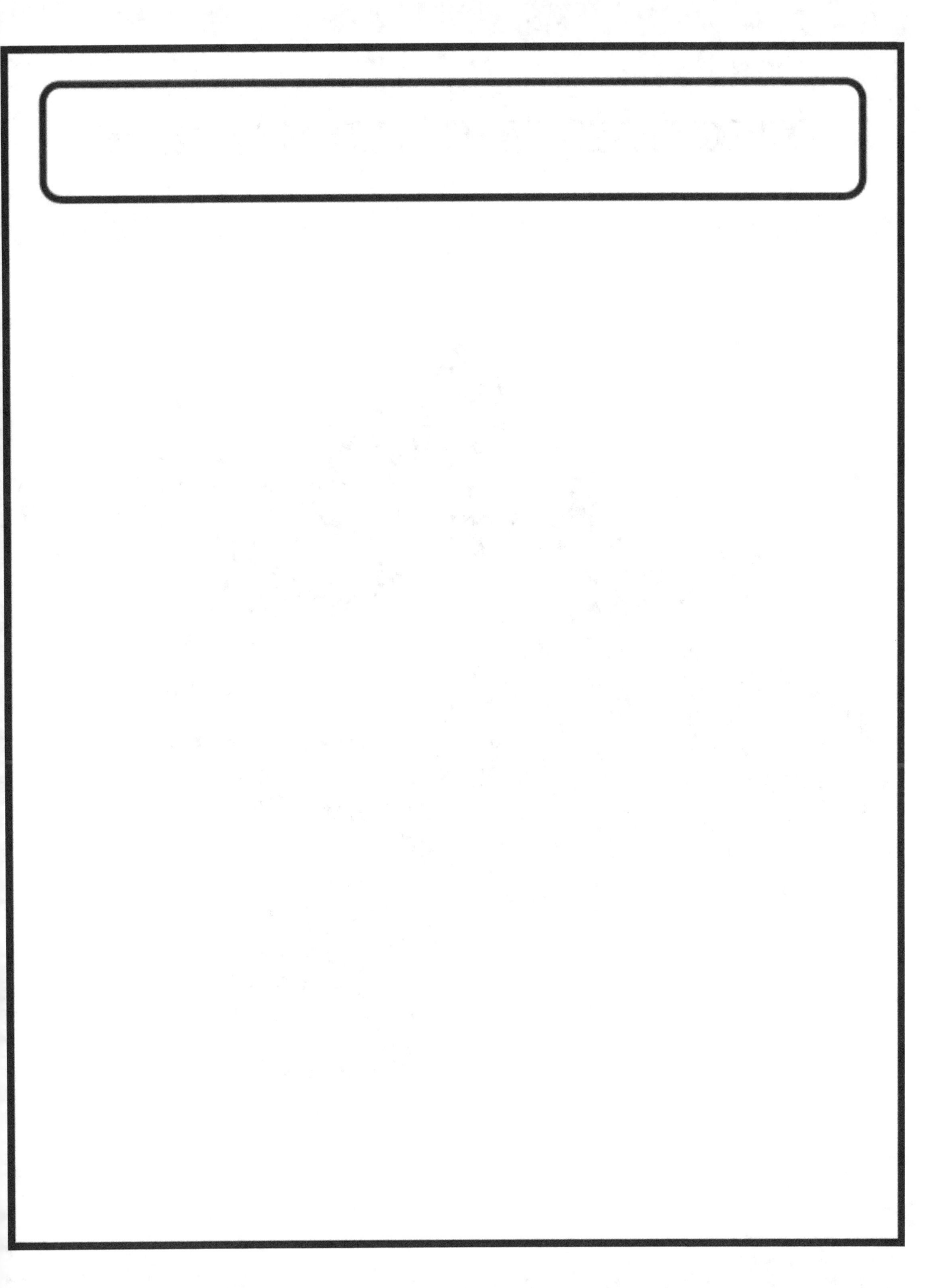

DRECKIGES FAHRRAD MALBUCH

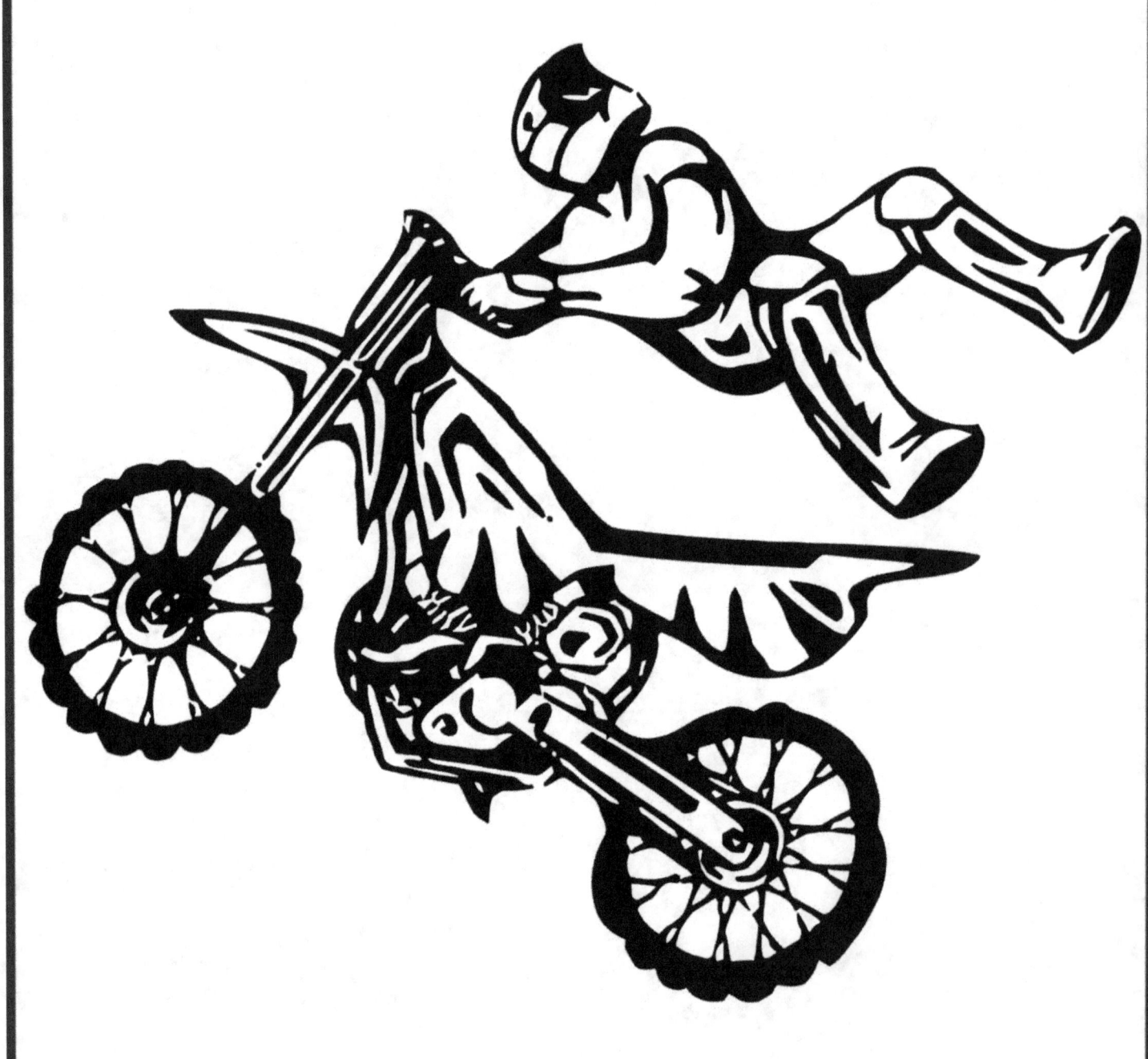

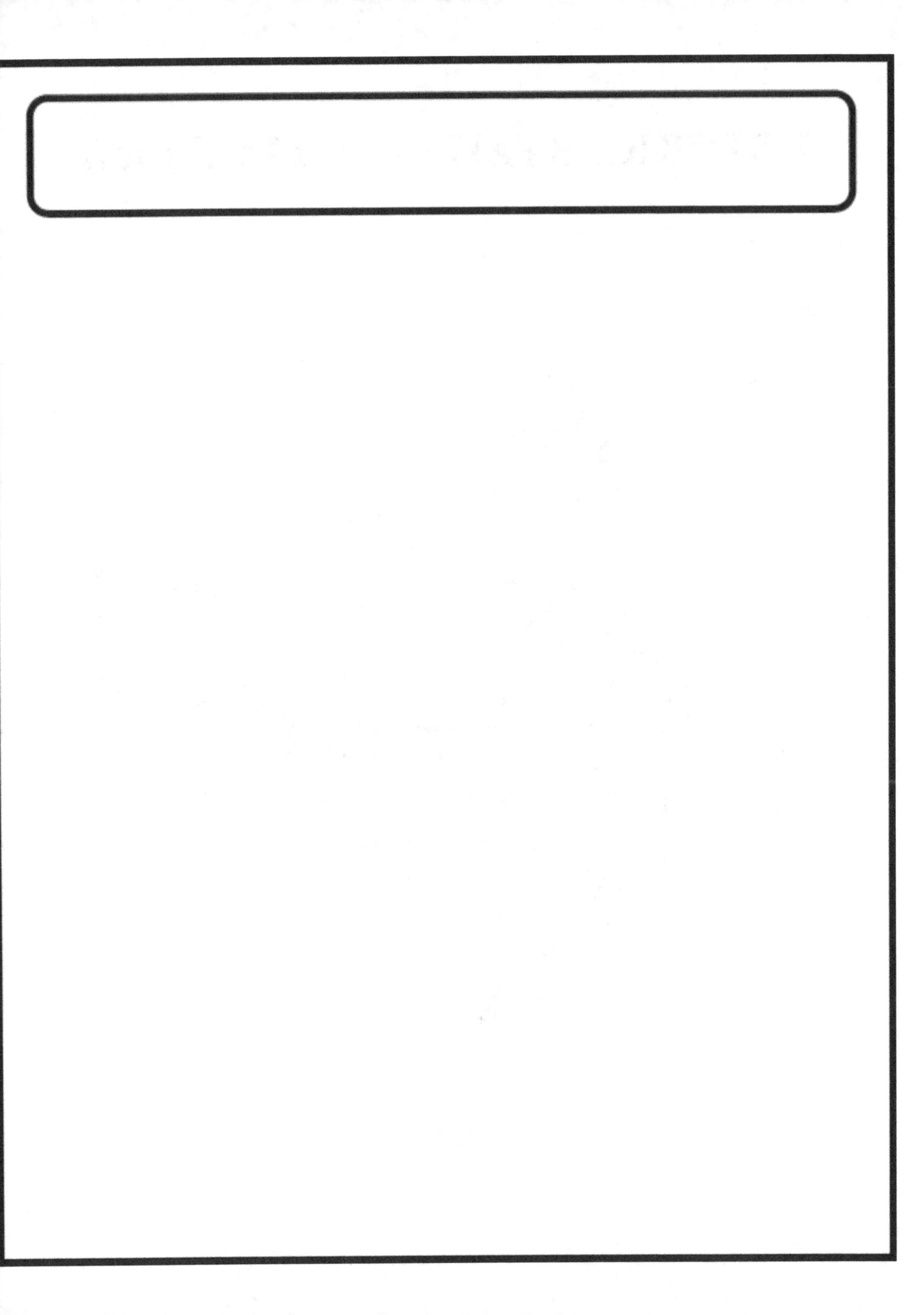

DRECKIGES FAHRRAD MALBUCH

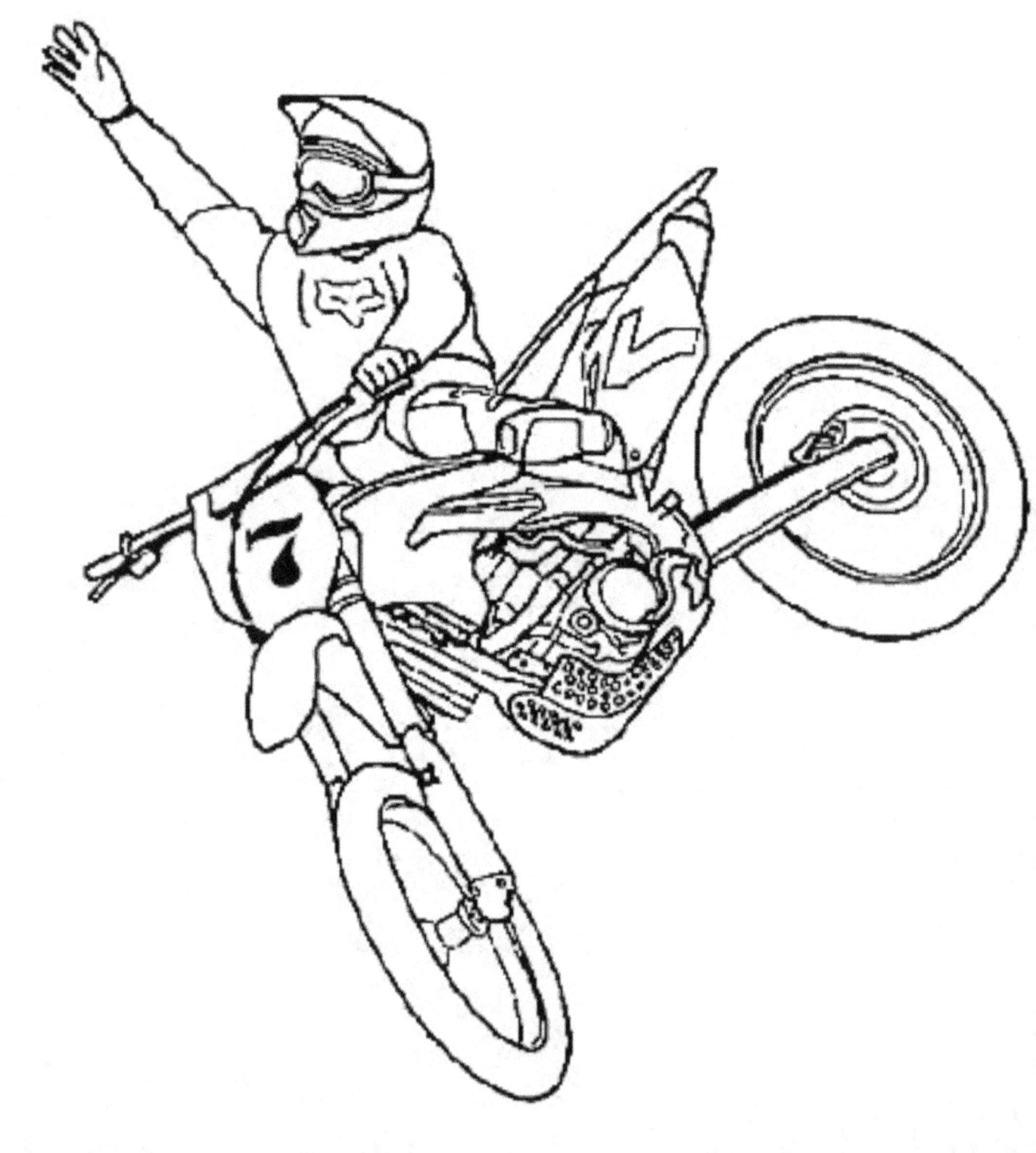

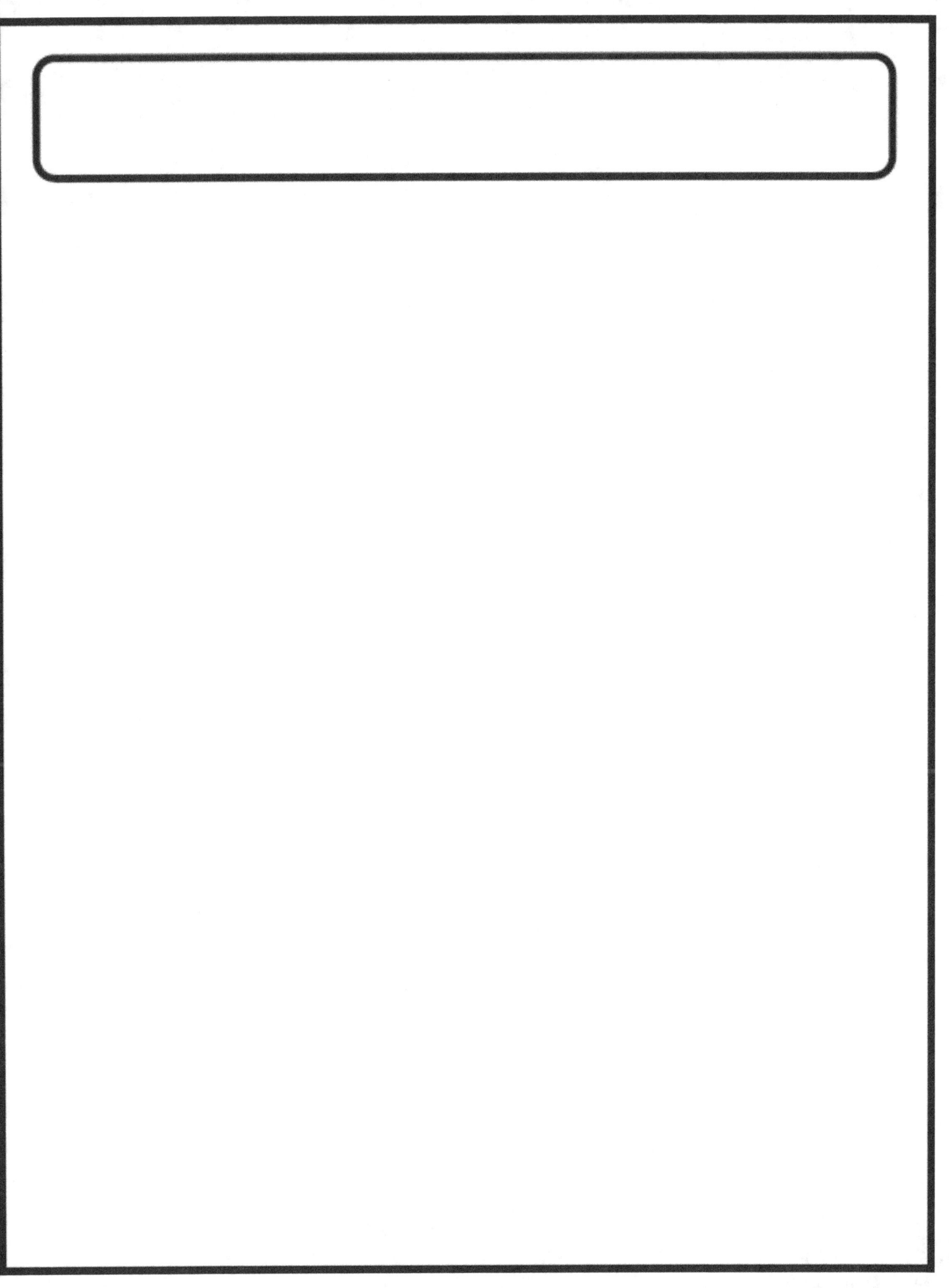